高等学校经济与工商管理系列教材

基础会计实训教程

主　编　赵忠伟　尹利勇

副主编　程良友

清华大学出版社
北京交通大学出版社
·北京·

内 容 简 介

本书共 7 章，前 6 章为单项技能实训，包括会计基础工作规范、会计核算流程规范、建账、会计凭证的填制与审核、会计账簿的登记及会计报表的编制，第 7 章是会计综合模拟实训。

本书适合普通高等院校会计、财务管理专业和其他经济管理类专业学生使用，也可作为广大会计工作者的参考书。

本书封面贴有清华大学出版社防伪标签，无标签者不得销售。
版权所有，侵权必究。侵权举报电话：010-62782989　13501256678　13801310933

图书在版编目（CIP）数据

基础会计实训教程/赵忠伟，尹利勇主编．—北京：北京交通大学出版社 ：清华大学出版社，2017.6（2018.4 修订）（2019.2 重印）
高等学校经济与工商管理系列教材
ISBN 978-7-5121-3204-7

Ⅰ.① 基… Ⅱ.① 赵… ② 尹… Ⅲ.① 会计学–高等学校–教材 Ⅳ.① F230

中国版本图书馆 CIP 数据核字（2017）第 112902 号

基础会计实训教程
JICHU KUAIJI SHIXUN JIAOCHENG

责任编辑：	黎　丹
出版发行：	清 华 大 学 出 版 社　　邮编：100084　电话：010-62776969　http://www.tup.com.cn
	北京交通大学出版社　　邮编：100044　电话：010-51686414　http://www.bjtup.com.cn
印 刷 者：	北京鑫海金澳胶印有限公司
经　　销：	全国新华书店
开　　本：	185 mm×260 mm　印张：17.5　字数：437 千字
版　　次：	2017 年 6 月第 1 版　2019 年 2 月第 2 次印刷
书　　号：	ISBN 978-7-5121-3204-7/F·1689
印　　数：	2 001～4 000 册　　定价：36.00 元

本书如有质量问题，请向北京交通大学出版社质监组反映。对您的意见和批评，我们表示欢迎和感谢。
投诉电话：010-51686043，51686008；传真：010-62225406；E-mail：press@bjtu.edu.cn。

前　言

　　会计学是一门技术性与应用性很强的学科,会计学教学在向学生全面、系统地传授会计理论知识和基本方法的同时,更要注重培养学生应用会计理论知识和方法解决会计实际问题的能力。会计实训是培养学生创新精神和实践能力的重要途径。

　　本书以手工会计核算为核心,依据《中华人民共和国会计法》《会计基础工作规范》、2014年修订颁布的《企业会计准则》,以及财政部、国家税务总局发布的一系列"营改增"政策等相关会计准则和税收法规,按照会计工作流程,对会计基本操作技能进行了系统阐述。

　　本书特色如下。

　　(1) 规范性。突出会计规范操作的要求。将会计核算流程各部分规范要求贯穿于实务操作中,以利于学生树立法制化、规范化观念,奠定良好的会计工作基础。

　　(2) 时效性。本书按照最新会计准则和税收法规组织编写,有利于学生及时掌握最新的会计工作要求,为后续课程的学习和毕业后实际工作的开展打下良好的基础。

　　(3) 仿真性。本书以厦门网中网软件有限公司的基础会计实验系统为素材,在各项实训中详细列示了会计实际操作中的真实凭证,利用规范的账、证、表,指导学生全面利用所学的理论知识,综合解决实际问题。

　　本书由大连海洋大学经济管理学院赵忠伟和尹利勇担任主编,程良友担任副主编,其中第1~5章由赵忠伟编写,第6~7章由尹利勇编写,程良友负责全书的统稿工作。本书在编写过程中得到了有关院校的大力支持与帮助,在此深表谢意。

　　由于时间仓促、水平有限,本书难免存在疏漏与不足,敬请读者批评指正。

编　者
2017年4月

目 录

第1章 会计基础工作规范 ··· 1
1.1 会计核算一般要求 ·· 1
1.2 会计书写基本规范 ·· 2

第2章 会计核算流程规范 ··· 4
2.1 设计会计核算流程的原则 ·· 4
2.2 会计核算流程 ··· 5

第3章 建账 ··· 8
3.1 建账的基本程序 ··· 8
3.2 账簿的设置与选择 ·· 9

第4章 会计凭证的填制与审核 ·· 13
4.1 原始凭证的填制与审核 ·· 13
4.2 记账凭证的填制与审核 ·· 18
4.3 实训 ··· 27
- 实训一 原始凭证的填制 ·· 27
- 实训二 原始凭证的审核 ·· 44
- 实训三 记账凭证的编制 ·· 48
- 实训四 记账凭证的审核 ·· 107
- 实训五 会计凭证的传递和保管 ···································· 111

第5章 会计账簿的登记 ·· 113
5.1 账簿的登记与分类 ··· 113
5.2 日记账的登记 ··· 114
5.3 分类账的登记 ··· 116
5.4 对账、结账和更正错账 ·· 118
5.5 实训 ··· 121
- 实训一 日记账的登记 ··· 121
- 实训二 分类账的登记 ··· 123
- 实训三 银行存款余额调节表的编制 ······························· 131
- 实训四 结账 ·· 133

I

实训五　更正错账 …………………………………………………… 133

第6章　会计报表的编制 …………………………………………………… 135
6.1　资产负债表的编制 …………………………………………… 135
6.2　利润表的编制 ………………………………………………… 137
6.3　现金流量表的编制 …………………………………………… 138
6.4　实训 …………………………………………………………… 139
　　实训一　资产负债表的编制 …………………………………… 139
　　实训二　利润表的编制 ………………………………………… 142
　　实训三　现金流量表的编制 …………………………………… 143

第7章　会计综合模拟实训 ………………………………………………… 148

参考文献 ………………………………………………………………………… 273

第1章 会计基础工作规范

1.1 会计核算一般要求

《中华人民共和国会计法》规定，各单位必须根据实际发生的经济业务事项进行会计核算，填制会计凭证，登记会计账簿，编制财务报告。《会计基础工作规范》规定，各单位应当按照《中华人民共和国会计法》和国家统一会计制度的规定建立会计账册，进行会计核算，及时提供合法、真实、准确、完整的会计信息。各单位发生的下列事项，应当及时办理会计手续、进行会计核算：款项和有价证券的收付；财物的收发、增减和使用；债权、债务的发生和结算；资本、基金的增减；收入、支出、费用、成本的计算；财务成果的计算和处理；其他需要办理会计手续、进行会计核算的事项。各单位的会计核算应当以实际发生的经济业务为依据，按照规定的会计方法进行处理，以保证会计指标的口径一致、相互可比和会计处理方法的前后各期相一致。会计年度自公历1月1日起至12月31日止。会计核算以人民币为记账本位币。收支业务以外国货币为主的单位，也可以选定某种外国货币作为记账本位币，但是编制的会计报表应当折算为人民币反映。境外单位向国内有关部门编报的会计报表，应当折算为人民币反映。

各单位根据国家统一会计制度的要求，在不影响会计核算要求、会计报表指标汇总和对外统一会计报表的前提下，可以根据实际情况自行设置和使用会计科目。事业行政单位会计科目的设置和使用，应当符合国家统一事业行政单位会计制度的规定。会计凭证、会计账簿、会计报表和其他会计资料的内容和要求必须符合国家统一会计制度的规定，不得伪造、变造会计凭证和会计账簿，不得设置账外账，不得报送虚假会计报表。各单位对外报送的会计报表格式由财政部统一规定。实行会计电算化的单位，对使用的会计软件及其生成的会计凭证、会计账簿、会计报表和其他会计资料的要求，应当符合财政部关于会计电算化的有关规定。

各单位的会计凭证、会计账簿、会计报表和其他会计资料，应当建立档案，妥善保管。会计档案建档要求、保管期限、销毁办法等依据《会计档案管理办法》的规定进行。实行会计电算化的单位，有关电子数据、会计软件等资料应当作为会计档案进行管理。

会计记录的文字应当使用中文，少数民族自治地区可以同时使用少数民族文字。中国境内的外商投资企业、外国企业和其他外国经济组织也可以同时使用某种外国文字。

1.2 会计书写基本规范

1. 会计文字书写规范

文字书写是指汉字书写。与经济业务活动相联系的文字书写包括数字的大写和企业名称、会计科目、费用项目、商品类别、计量单位,以及摘要、财务分析的书写等。

(1) 文字书写的基本要求

会计对文字书写的基本要求是:简明、扼要、准确;字体规范、字迹清晰。

① 简明、扼要、准确。对所发生的经济业务要简明扼要地叙述清楚,文字不能超过各书写栏。会计科目要书写全称,不能简化,子目、细目要准确,要符合会计制度的规定。

② 字体规范、字迹清晰。书写文字时,可用正楷或行书,不能用草书;不宜过大,一般上、下要留空隙,汉字之间要适当留间距,不能写得大小不一。

(2) 中文大写数字的写法

中文大写数字主要用于填写销货发票、银行结算凭证、收据等,书写时不能写错。如果写错,则本张凭证作废,需要重新填写凭证。

① 标准大写金额数字为零、壹、贰、叁、肆、伍、陆、柒、捌、玖、拾、佰、仟、万、亿等,一律用正楷或行书字体书写,不能用〇(另)、一、二、三、四、五、六、七、八、九、十等代替大写金额数字。

② 大写金额数字前若没有印制"人民币"字样,书写时,在大写金额数字前要写上"人民币"三个字。"人民币"与金额首位数字之间不得留有空格,数字之间更不能留有空格。

③ 人民币以元为单位时,大写金额数字到元或者角为止的,在"元"或者"角"字之后应加上"整"字;大写金额数字有分的,在"分"后不必写"整"字。例如 68.56 元,写成"人民币陆拾捌元伍角陆分",因其分位有金额,在"分"后不必写"整"字。又如 78.6 元,写成"人民币柒拾捌元陆角整",因其分位没有金额,应在大写金额数字后加上"整"字。

④ 阿拉伯金额数字中间有"0"时,汉字大写金额要写"零"字;阿拉伯金额数字中间连续有几个"0"时,汉字大写金额可以只写一个"零"字。阿拉伯金额数字元位是"0",或者数字中间连续有几个"0"、元位也是"0"但角位不是"0"时,汉字大写金额可以只写一个"零"字,也可以不写"零"字。例如金额为 500.4 元,应写为"人民币伍佰元零肆角整"或者"人民币伍佰元肆角整"。

⑤ 表示位的文字前必须有数字,如"10 元",应写成"壹拾元整"。

⑥ 票据的出票日期必须使用中文大写。为防止变造票据的出票日期,在填写月、日时,月为壹、贰和拾的,日为壹至玖和壹拾、贰拾和叁拾的,应在其前面加"零";日为拾壹至拾玖的,应在其前加"壹"。例如 1 月 15 日,应写成"零壹月壹拾伍日"。

2. 阿拉伯数字书写规范

阿拉伯数字书写规范是指阿拉伯数字书写要符合手写体的规范要求，书写顺序是由高位到低位，从左到右依次写出各位数字。

（1）数字书写要求

① 阿拉伯数字应当一个一个地写，不得连笔。阿拉伯金额数字前应当书写货币币种符号或者货币名称简写和币种符号。币种符号与阿拉伯金额数字之间不得留有空白。凡阿拉伯数字前写有币种符号的，数字后面不再写货币单位。

② 每个数字要紧贴底线书写，其高度约占全格的 1/2，要为更正错误数字留有余地。除 6、7、9 外，其他数字高低要一致。"6"的上端比其他数字高出 1/4，"7"和"9"的下端比其他数字伸出 1/4。

③ 各数字书写的倾斜度要一致，一般要求上端向右倾斜 60 度。

④ 书写数字时，每个数字大小要一致，数字排列的空隙应保持一定且同等距离，每个数字上、下、左、右要对齐。在印有数位线的凭证、账簿、报表上，每一格只能写一个数字，不得几个数字挤在一个格里，更不能在数字中间留有空格。

⑤ 会计工作人员要保持个人的独特字体和书写特色，以防别人模仿或涂改。

⑥ 不要把"0"和"6"、"1"和"7"、"3"和"8"、"7"和"9"写混。在写阿拉伯数字的整数部分时，可以从小数点向左按照"三位一节"用分位点","分开或加 1/4 空分开。例如，6,541,730 或 6 541 730。标准阿拉伯数字的书写如图 1-1 所示。

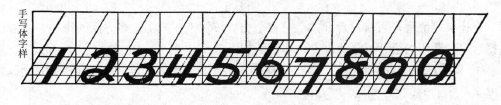

图 1-1　阿拉伯数字的书写

（2）数字书写错误的更正方法

数字书写错误时，一般采用划线更正法，只要一个数字写错，不论写错的数字在哪个位数上，一律用红线将全部数字划掉，在原数字的上方对齐原位写上正确的数字。

第 2 章 会计核算流程规范

会计凭证、会计账簿和会计报表是组织会计核算工作的工具，而会计凭证、会计账簿和会计报表又不是彼此孤立的，它们以一定的形式结合，构成一个完整的会计核算流程。为了更好地反映和监督各企业的经济活动，为经济管理提供系统的核算资料，企业应当采用一定的核算流程，规定设置会计凭证、会计账簿及会计报表的种类、格式和填制方法；规定各种凭证之间、各种账簿之间、各种报表之间的相互关系和登记程序，这是企业会计制度设计的一个重要内容。

2.1 设计会计核算流程的原则

会计核算流程是否科学合理，会对整个会计核算工作产生诸多方面的影响。企业应选择合理、适用的会计核算流程，具体原则如下。

① 要适应本企业的经济活动特点、规模大小和业务的繁简情况，且有利于会计核算的分工。

② 要适应本企业、主管部门及国家管理经济的需要，全面、系统、及时、正确地提供反映本单位经济活动情况的会计核算资料。

③ 要在保证核算资料正确、及时和完整的前提下，尽可能地简化会计核算手续，提高会计工作效率，节约人力、物力，节约核算费用。

在实际工作中，由于各个会计主体的具体情况不同，会计核算流程也不可能完全相同。企业可以采用的会计核算流程主要有以下几种：记账凭证核算流程、汇总记账凭证核算流程、科目汇总表核算流程、多栏式日记账核算流程、日记总账核算流程和通用日记账核算流程。它们之间有很多相似之处，但也有区别，其主要区别是登记总账的依据和方法不同。企业常用的会计核算流程有记账凭证核算流程、汇总记账凭证核算流程、科目汇总表核算流程三种。

2.2 会计核算流程

1. 记账凭证核算流程

记账凭证核算流程是指根据经济业务发生后所填制的各种记账凭证直接逐笔登记总账的一种核算流程。它是一种最基本的会计核算流程,其他会计核算流程都是在此基础上发展、演变而形成的。

在记账凭证核算流程下,记账凭证可以采用"收款凭证""付款凭证"和"转账凭证"等专用记账凭证的格式,也可采用通用记账凭证的格式。会计账簿除设置总账和相关的明细账外,还需单独设置"库存现金日记账"和"银行存款日记账"。其记账程序如下。

① 经济业务发生以后,根据有关的原始凭证编制记账凭证(收款凭证、付款凭证和转账凭证)。

② 根据收款凭证和付款凭证逐笔登记库存现金日记账和银行存款日记账。

③ 根据原始凭证和记账凭证登记各种明细账。

④ 根据各种记账凭证逐笔登记总账。

⑤ 月末,将日记账、明细账的余额与总账有关账户的余额进行核对。

⑥ 月末,根据总账和明细账的资料编制会计报表。

记账凭证核算流程的账务处理基本步骤如图2-1所示。

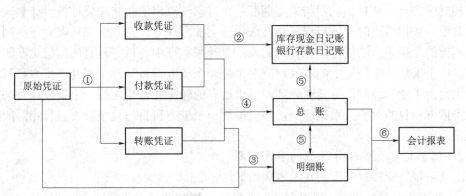

图2-1 记账凭证核算流程的账务处理基本步骤

2. 汇总记账凭证核算流程

汇总记账凭证核算流程是定期将收款凭证、付款凭证和转账凭证按照会计科目的对应关系进行汇总,分别编制"汇总收款凭证""汇总付款凭证"和"汇总转账凭证",然后根据各种汇总记账凭证登记总账的一种会计核算流程。

汇总记账凭证是按每个科目设置,并按科目一方(借方或贷方)的对应科目进行汇总。汇总记账凭证分为汇总收款凭证、汇总付款凭证和汇总转账凭证。在汇总记账凭证核算组织程序下,根据汇总记账凭证上的汇总数字登记有关的总账账户,这样可以减少登记总账账户的工作量。

1）汇总记账凭证的编制方法

（1）汇总收款凭证

汇总收款凭证是根据库存现金收款凭证、银行存款收款凭证定期汇总编制的汇总记账凭证。汇总收款凭证按"库存现金"或"银行存款"科目的借方分别设置，定期（如5天或10天）将这一期间内的全部库存现金收款凭证、银行存款收款凭证，分别按相对应的贷方科目加以归类、定期汇总，月末结算出汇总收款凭证的合计数，据以登记总账。登记总账时，应根据汇总收款凭证上的合计数，记入"库存现金"或"银行存款"总账账户的借方，根据汇总收款凭证上各贷方科目的合计数分别记入有关总账账户的贷方。

（2）汇总付款凭证

汇总付款凭证是根据库存现金付款凭证、银行存款付款凭证定期汇总编制的汇总记账凭证。汇总付款凭证按"库存现金"或"银行存款"科目的贷方分别设置，定期（如5天或10天）将这一期间内的全部库存现金付款凭证、银行存款付款凭证，分别按相对应的借方科目加以归类、定期汇总，月末结算出汇总付款凭证的合计数，据以登记总账。登记总账时，应根据汇总付款凭证上的合计数，记入"库存现金"或"银行存款"总账账户的贷方，根据汇总付款凭证上各借方科目的合计数分别记入有关总账账户的借方。

（3）汇总转账凭证

汇总转账凭证是按转账凭证每一贷方科目分别设置的，用来汇总一定时期内转账业务的一种汇总记账凭证。汇总转账凭证通常按所填制的专用记账凭证中转账凭证上会计分录的贷方科目设置，定期（如5天或10天）将这一期间内的全部转账凭证，按与设置科目相对应的借方科目加以归类、定期汇总，月末结算出汇总转账凭证的合计数，据以登记总账。登记总账时，应根据汇总转账凭证上的合计数，记入汇总转账凭证所列贷方科目相应的总账账户的贷方，并分别记入汇总转账凭证中各借方科目的相应总账账户的借方。由于汇总转账凭证上的科目对应关系是一个贷方科目与一个或几个借方科目相对应，因此为了便于编制汇总转账凭证，要求所有的转账凭证也应按一个贷方科目与一个或几个借方科目的对应关系来编制，不应编制一个借方科目与几个贷方科目相对应的转账凭证。

2）汇总记账凭证核算流程的基本步骤

汇总记账凭证核算流程的基本步骤如下。

① 经济业务发生以后，根据有关的原始凭证填制各种记账凭证（收款凭证、付款凭证和转账凭证）。

② 根据收款凭证和付款凭证逐笔登记库存现金日记账和银行存款日记账。

③ 根据原始凭证和记账凭证登记各种明细账。

④ 根据各种记账凭证分别编制汇总收款凭证、汇总付款凭证和汇总转账凭证。

⑤ 根据各种汇总记账凭证登记总账。

⑥ 月末，将日记账、明细账的余额与总账有关账户的余额进行核对。

⑦ 月末，根据总账和明细账的记录编制会计报表。

汇总记账凭证核算流程的账务处理基本步骤如图2-2所示。

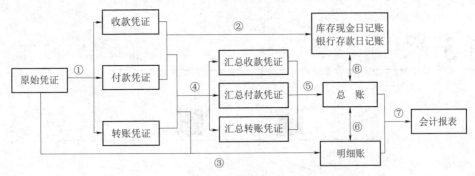

图 2-2　汇总记账凭证核算流程的账务处理基本步骤

3. 科目汇总表核算流程

科目汇总表核算流程是指根据记账凭证定期编制科目汇总表，并据以登记总账的一种会计核算流程。

1）科目汇总表的编制方法

科目汇总表是根据一定时期内的全部记账凭证，按相同的会计科目进行归类编制的表格。在科目汇总表中，应分别计算出每一个总账科目的借方发生额合计数和贷方发生额合计数。由于借贷记账法的记账规则是"有借必有贷，借贷必相等"，所以在编制的科目汇总表中，全部总账科目的借方发生额合计数与贷方发生额合计数相等。科目汇总表可以根据企业业务量的大小每月定期汇总编制。

2）科目汇总表核算流程的步骤

① 经济业务发生以后，根据有关的原始凭证填制各种记账凭证（收款凭证、付款凭证和转账凭证）。

② 根据收款凭证和付款凭证逐笔登记库存现金日记账和银行存款日记账。

③ 根据原始凭证和记账凭证登记各种明细账。

④ 根据各种记账凭证编制科目汇总表。

⑤ 根据科目汇总表登记总账。

⑥ 月末，将日记账、明细账的余额与总账有关账户的余额进行核对。

⑦ 月末，根据总账和明细账的记录编制会计报表。

科目汇总表核算流程的账务处理基本步骤如图 2-3 所示。

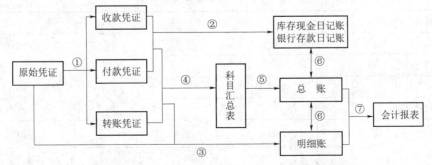

图 2-3　科目汇总表核算流程的财务处理基本步骤

第3章

建　　账

3.1　建账的基本程序

企业在年度开始时（或企业新建立时），会计人员应根据核算工作的需要设置会计核算所需的账簿，即平常所说的"建账"。建账的基本程序如下。

① 按照需用的各种账簿的格式要求，预备各种账页，并将活页账页用账夹装订成册。

② 在账簿的"账簿启用及交接表"上，写明机构名称、账簿名称、账簿编号、账簿页数、启用日期，以及经管人员姓名。记账人员或会计主管人员在本年度调动工作时，应注明交接日期并由交接双方签名或盖章，以明确经济责任。账簿启用及交接表如表3-1所示。

③ 按照会计科目表的顺序、名称，在总账账页上建立总账账户，并根据总账账户明细核算的要求，在各个所属明细账户上建立明细账户。企业应在年度开始建立各级账户的同时，将上年账户余额结转过来。

④ 启用订本式账簿，应从第一页起到最后一页止顺序编列号码，不得跳页、缺页；使用活页式账簿，应按账户顺序编列本户页次号码。各账户编列号码后，应填写"账户目录"，将账户名称、页次登入目录内，并粘贴索引纸（账户标签），写明账户名称，以便检索。

表3-1　账簿启用及交接表

机构名称								印　鉴	
账簿名称		（第　册）							
账簿编号									
账簿页数		本账簿共计　　页							
启用日期		年　　月　　日							
经管人员	负责人		主办会计		复核		记账		
	姓名	印	姓名	印	姓名	印	姓名	印	

续表

交接记录	经管人员		接 管				交 出			
	职别	姓名	年	月	日	印	年	月	日	印
备注										

3.2 账簿的设置与选择

不同的企业所需用的账簿是不尽相同的。一个企业究竟应设计和使用何种账簿，要视企业规模大小、经济业务的繁简、会计人员的分工、采用的核算形式及记账的机械化程度等因素而定。一般来说，至少应设置四册账簿：一册库存现金日记账；一册银行存款日记账；一册总账；一册活页明细账。为了加强货币资金的管理，无论在哪种情况下，都要设置库存现金日记账和银行存款日记账。活页明细账主要包括：原材料明细账（收、发、存，数量金额式）、低值易耗品明细账（在库、在用）、材料采购明细账、材料成本差异明细账、分期收款发出商品明细账、委托加工存货明细账、固定资产明细账（登记设备与计算折旧）、生产成本明细账、制造费用明细账、管理费用明细账、销售费用明细账、工资明细账、产品销售明细账、应交增值税明细账。

（1）总账的建账原则

总账是根据一级会计科目（亦称总账科目）开设的账簿，用来分类登记企业的全部经济业务，提供资产、负债、所有者权益、收入、费用和利润等总括的核算资料。

总账的建账原则如下。

① 总账科目名称应与国家统一会计制度规定的会计科目名称一致。总账具有分类汇总记录的特点。为确保账簿记录的正确性、完整性，企业应根据行业特点和经济业务的内容建立总账，其总账科目名称应与国家统一会计制度规定的会计科目名称一致。

② 依据企业账务处理程序的需要选择总账格式。根据财政部《会计基础工作规范》的规定，总账的格式主要有三栏式、多栏式（日记总账）和数量金额式等。企业可依据本企业会计账务处理程序的需要自行选择总账的格式。

③ 总账一般应采用订本式账簿。为了总账记录的安全完整，总账一般应采用订本式账簿。实行会计电算化的单位，用计算机打印的总账必须连续编号，经审核无误后装订成册，并由记账人、会计机构负责人、会计主管人员签字或盖章，以防散失。但科目汇总表总账可以是活页式账簿。

（2）明细账的建账原则

明细账通常根据总账科目所属的明细科目设置，用来分类登记某一类经济业务，提供有关的明细核算资料。明细账是形成有用的会计信息的基本资料，借助于明细账既可以对经济业务信息或数据作进一步的加工整理，进而通过总账形成适合于会计报表提供的会计信息，又能为信息的形成提供具体情况和有关线索。

明细账的建账原则如下。

① 明细科目的名称应根据统一会计制度的规定和企业管理的需要设置。会计制度对有些明细科目的名称作出了明确规定，有些只规定了设置的方法和原则，对于有明确规定的，企业在建账时应按照会计制度的规定设置明细科目的名称，对于没有明确规定的，建账时应按照会计制度规定的方法和原则，以及企业管理的需要设置明细科目的名称。

② 根据财产物资管理的需要选择明细账的格式。明细账的格式主要有三栏式、多栏式和数量金额式，企业应根据财产物资管理的需要选择明细账的格式。

三栏式明细账，适用于只需要反映金额的经济业务，如"应收账款""应付账款"等不需要进行数量核算的债权债务结算账户的明细账的登记。

多栏式明细账，是根据经济业务的特点和经营管理的需要，在一张账页内按有关明细科目或明细项目分设专栏，用以集中反映各有关明细科目或明细项目的核算资料。例如"管理费用""财务费用""制造费用""基本生产成本""辅助生产成本"等要用多栏式账页建立明细账。建立时，按多栏式账页的格式，按费用项目设专栏。

数量金额式明细账，适用于既要进行金额核算又要进行实物数量核算的各种财产物资账户，如"原材料""库存商品"等账户的明细账。建立时，根据各种存货的品名、规格、库存数量、单价及库存余额等登记到相关账户的余额栏即可。

③ 明细账一般采用活页式。明细账采用活页式账簿，主要是使用方便，便于账页的重新排列和记账人员的分工，但是活页账的账页容易散失和被随意抽换，因此使用时应按顺序编号并装订成册，注意妥善保管。

（3）日记账的建账原则

日记账又称序时账，是按经济业务发生时间的先后顺序逐日逐笔进行登记的账簿。根据《会计基础工作规范》的规定，各单位应设置库存现金日记账和银行存款日记账，以便逐日核算和监督现金和银行存款的收入、付出和结存情况。库存现金日记账和银行存款日记账的建账原则如下。

① 账页的格式一般采用三栏式。库存现金日记账和银行存款日记账的账页一般采用三栏式，即借方、贷方和余额三栏，并设有"对方科目"栏。如果收付款凭证数量较多，为了简化记账手续，同时也为了通过库存现金日记账和银行存款日记账汇总登记总账，也可以采用多栏式账页。采用多栏式账页后如果会计科目较多，还可以分设库存现金（银行存款）收入日记账和库存现金（银行存款）支出日记账。

② 账簿的外表形式必须采用订本式。现金和银行存款是企业流动性最强的资产，为保证账簿资料的安全、完整，《会计基础工作规范》第五十七条规定："现金日记账和银行存款日记账必须采用订本式账簿，不得用银行对账单或者其他方法代替日记账。"

例如，北京化工有限公司 20×2 年 12 月 31 日，库存现金的期末余额为 2 000 元，20×3 年 1 月 1 日，应将上年账户余额进行结转，并分别登记相关总账和日记账，如表 3-2 和表 3-3 所示。

表 3-2　库存现金日记账

20×3年		凭证号	摘要	对方科目	借方								贷方								借或贷	余额							
月	日				十	万	千	百	十	元	角	分	十	万	千	百	十	元	角	分		十	万	千	百	十	元	角	分
1	1		期初余额																		借			2	0	0	0	0	0

表 3-3　总账

科目名称　*库存现金*

20×3年		凭证号	摘要	页数	借方								贷方								借或贷	余额							
月	日				十	万	千	百	十	元	角	分	十	万	千	百	十	元	角	分		十	万	千	百	十	元	角	分
1	1		期初余额																		借			2	0	0	0	0	0

北京化工有限公司 20×3 年 1 月 1 日，"应付账款"账户状况如下：总账账户期初余额为 50 000 元，明细账账户期初余额为宏达公司 32 000 元、星海公司 18 000 元；分别登记总账和明细账，如表 3-4、表 3-5 和表 3-6 所示。

表3-4 总账

科目名称 应付账款

20×3年		凭证号	摘要	页数	借方									贷方									借或贷	余额								
月	日				十	万	千	百	十	元	角	分		十	万	千	百	十	元	角	分			十	万	千	百	十	元	角	分
1	1		期初余额																			贷		5	0	0	0	0	0	0	0

表3-5 应付账款明细账

债权人：宏达公司

20×3年		凭证号	摘要	页数	借方									贷方									借或贷	余额								
月	日				十	万	千	百	十	元	角	分		十	万	千	百	十	元	角	分			十	万	千	百	十	元	角	分
1	1		期初余额																			贷			3	2	0	0	0	0	0	0

表3-6 应付账款明细账

债权人：星海公司

20×3年		凭证号	摘要	页数	借方									贷方									借或贷	余额								
月	日				十	万	千	百	十	元	角	分		十	万	千	百	十	元	角	分			十	万	千	百	十	元	角	分
1	1		期初余额																			贷			1	8	0	0	0	0	0	0

第4章

会计凭证的填制与审核

4.1 原始凭证的填制与审核

1. 原始凭证的概念

原始凭证是在经济业务发生或完成时由经办业务的人员或部门填制或取得的,用来证明经济业务的发生或完成情况的最原始的书面证明,是记账的原始依据。

原始凭证按来源不同,可以分为自制原始凭证和外来原始凭证。

(1) 自制原始凭证

自制原始凭证是在经济业务发生或完成时,由本单位业务经办人员填制的单据。例如仓库保管员在验收材料时填制的收料单,车间向材料仓库领取材料时填制的领料单及完工产品验收入库时填制的产成品入库单等。自制原始凭证提供给外单位的一联也应加盖本单位的公章。

自制原始凭证按填制的手续不同,又可分为一次凭证、累计凭证、汇总凭证和记账编制凭证四种。

一次凭证,是指一项经济业务或若干项同类经济业务,在其发生后一次填制完毕的原始凭证。自制原始凭证中大部分是一次凭证,如自制原始凭证中的"领料单"(表4-1)。

表4-1 领料单

领料单位:　　　　　　　　　　　　　　　　　　　　　　　　　　　编号:

用途:　　　　　　　　　　　　年　月　日　　　　　　　　　　发料仓库:

材料编号	材料类别	名称	规格	计量单位	数量		金额	
					请领	实发	单价	金额
备注:			合　计					
主管:	记账:		领料单位负责人:			领料人:		发料人:

累计凭证是指在一定时期内连续记录若干项同类经济业务的原始凭证，如自制原始凭证中的"限额领料单"（表 4-2）。累计凭证的填制不是一次完成的，而是随着经济业务的陆续发生分次填写的，只有完成全部填制手续后，才能作为原始凭证据以记账。这样做的目的是减少原始凭证的数量，简化核算手续。

表 4-2 限额领料单

（企业名称）

领料部门：　　　　　　　　　　　　　　　　　　　　　　　　　　凭证号：

用途：　　　　　　　　　　　　年　月　日　　　　　　　　　　　发出仓库：

材料类别	材料编号	材料名称及规格	计量单位	领用限额	实际领用	单价	金额	备注

供应部门负责人：　　　　　　　　　　生产计划部门负责人：

日期	数量		领料人签章	发料人签章	扣除代用数量	退料			限额结余
	请领	实发				数量	收料人	发料人	

汇总凭证又称原始凭证汇总表，是指将一定时期内若干张同类性质的经济业务的原始凭证加以汇总，至期末以汇总数作为记账依据的原始凭证。例如，领料凭证汇总表就是根据一定时期内若干张领料单加以汇总而编制的汇总凭证。领料凭证汇总表的一般格式如表 4-3 所示。

表 4-3 领料凭证汇总表

（企业名称）

年　月　　　　　　　　　　　　　　　　　　　　　　　　　　　单位：元

应借科目	应贷科目			
	原材料			
	原料及主要材料	辅助材料	燃料	合计
生产成本——基本生产成本				
1日至15日				
16日至31日				
合　计				

续表

应借科目	应贷科目			
	原材料			
	原料及主要材料	辅助材料	燃料	合计
生产成本——辅助生产成本				
1日至15日				
16日至31日				
合　计				
制造费用				
1日至15日				
16日至31日				
合　计				
管理费用				
1日至15日				
16日至31日				
合　计				
总　计				

备注：

记账编制凭证，是指根据账簿记录和经济业务的需要对账簿记录的内容加以整理而编制的一种自制原始凭证，如"制造费用分配表"等。制造费用分配表的一般格式如表4–4所示。

表4–4　制造费用分配表

车间：　　　　　　　　　　　　　　　年　　月

分配对象 （产品名称）	分配标准 （生产工时等）	分配率	分配金额
合　计			

会计主管：　　　　　　　　　　　审核：　　　　　　　　　　　制表：

（2）外来原始凭证

外来原始凭证是指在经济业务发生或完成时，从外单位或个人处取得的单据。例如供货单位开出的增值税专用发票（其一般格式如表4–5所示），银行结算凭证，收款单位或个人开具的收据，出差人员取得的车票、住宿费发票等。外来原始凭证必须加盖单位的公章或财税机关的统一检章方为有效。

表 4–5 增值税专用发票　　No60972917

发票联　　　　　　　开票日期：　年 月 日

购货单位	名　　称： 纳税人识别号： 地 址、电 话： 开户行及账号：		密码区	（略）			第一联 记账联 销售方记账凭证
货物或应税劳务名称	规格型号	单位	数量	单价	金额	税率	税额
合　　计							
价税合计（大写）		⊗	¥			
销货单位	名　　称： 纳税人识别号： 地 址、电 话： 开户行及账号：		备注				

收款人：　　　　复核：　　　　开票人：　　　　销售方（章）：

2. 原始凭证的基本要素

经济业务的内容是多种多样的，记录经济业务的原始凭证所包含的具体内容也各不相同。但每一种原始凭证都必须客观地、真实地记录和反映经济业务的发生、完成情况，都必须明确有关单位、部门及人员的经济责任。因此，原始凭证都必须具备以下几个方面的基本内容。

① 原始凭证的名称。

② 填制原始凭证的具体日期和经济业务发生的日期。在大多数情况下这两个日期是一致的，如果不一致需在原始凭证中分别进行反映。例如差旅费报销单上的出差日期和报销日期往往是不一致的。

③ 填制原始凭证的单位名称或个人姓名。

④ 接受原始凭证的单位名称。

⑤ 经济业务的内容摘要。

⑥ 经济业务的数量和金额。

⑦ 经办人员的签名或盖章。

此外，在自制原始凭证中，有的企业根据管理和核算所提出的要求，为了满足计划、统计或其他业务方面相关工作的需要，还要列入一些补充内容，如在原始凭证上注明与该笔经济业务有关的生产计划任务、预算项目及经济合同号码等，以便更好地发挥原始凭证的作用。对于在国民经济一定范围内经常发生的同类经济业务，应由主管部门制定统一的凭证格式。例如，由中国人民银行统一制定的托收承付结算凭证、由铁路部门统一制定的铁路运单等，都是在有关单位广泛使用的原始凭证。印刷统一原始凭证既可以加强对凭证和企事业单位经济活动的管理，又可以节约印刷费用。

3. 原始凭证的填制

自制原始凭证的填制有三种形式：一是根据经济业务的执行或完成的实际情况直接填制，如"领料单"等；二是根据有关账簿资料按照经济业务的要求加以归类、整理而重新编制，如为了计算产品生产成本，需要根据账簿编制材料耗用汇总表、费用分配表、产品成本计算单等；三是根据若干张反映同类经济业务的原始凭证定期汇总编制，如各种汇总原始凭证等。

外来原始凭证是由其他单位或个人填制的，也应根据经济业务的执行或完成的实际情况如实填制。

原始凭证既是具有法律效力的书面证明，又是进行会计处理的基础。为了保证会计核算工作的质量，填制原始凭证必须严格遵守以下原则。

（1）真实可靠

原始凭证上所记载的内容必须与实际发生的经济业务内容相一致，绝不允许有任何歪曲或弄虚作假。对于实物数量、质量和金额的计算，都要准确无误。为了保证原始凭证的记录真实可靠，经办业务的部门或人员都要在原始凭证上签名或盖章，对凭证的真实性和正确性负责。这是填制原始凭证最基本的要求。

（2）内容完整

要按照规定的凭证格式和内容逐项填写，不得省略和遗漏。特别是签名、盖章部分，自制原始凭证必须要有经办部门负责人或指定人员的签名或盖章。对外开出的原始凭证必须加盖本单位公章，从外单位或个人取得的原始凭证，必须有填制单位公章或个人签名或盖章。

（3）书写规范

原始凭证填写要认真，文字和数字要清楚，字迹工整、清晰，易于辨认；数量、单价和金额的计算必须正确，大、小写金额要相符。阿拉伯数字应逐个书写清楚，不可连笔书写；阿拉伯数字合计金额的最高位数字前应写人民币符号"¥"，在人民币符号"¥"与阿拉伯数字之间不得留有空白；以元为单位的金额数字一律填写到角、分；无角、分的，角位和分位填写"0"，不得空格。汉字大写金额数字，应符合规定要求，应使用既容易辨认又不容易涂改的正楷字书写，如壹、贰、叁、肆、伍、陆、柒、捌、玖、拾、佰、仟、万、角、分、零、整等，不允许用一、二（两）、三、四、五、六、七、八、九、十、块、毛、另（〇）等字样代替。大写金额数字前应有"人民币"字样，中间不得留有空白。阿拉伯金额数字中间有"0"或连续有几个"0"时，汉字大写金额只写一个"零"字即可。例如 308 006 元，汉字大写金额应为"人民币叁拾万零捌仟零陆元整"。凡是规定填写大写金额的各种原始凭证，如银行结算凭证，发票，运单，提货单，各种现金收、付款凭证等，都必须在填写小写金额的同时填写大写金额。

如果凭证书写错误，应用规定的方法予以更正，并由更正人员在更正处盖章，以示负责；不得随便涂改、刮擦或挖补。有关货币资金收支的原始凭证，如果书写错误，应按规定手续注销、留存，重新填写，并在错误凭证上加盖"作废"戳记，连同存根一同保存，不得撕毁，以免错收、错付。

（4）编制及时

企业经办业务的部门或人员应根据经济业务的发生或完成情况，在有关制度规定的范围内，及时地填制或取得原始凭证，并按照规定的程序及时送交会计部门，经过会计部门审核之后，据以编制记账凭证。

4. 原始凭证的审核

为了保证原始凭证内容的真实性和合法性，会计部门必须对一切外来的和自制的原始凭证进行严格的审核。审核内容如下。

（1）审核原始凭证的合法性

审核原始凭证所记载的经济业务是否符合国家颁布的财经法规、财会制度，以及本单位制定的有关规章制度，有无违反财经纪律、弄虚作假、贪污舞弊等违法乱纪行为。

（2）审核原始凭证的真实性

审核原始凭证所记载的内容是否与实际发生的经济业务情况相符，包括与经济业务相关的单位和当事人是否真实，经济业务发生的时间、地点和填制凭证的日期是否准确，经济业务的内容及数量是否与实际情况相符等。

（3）审核原始凭证的准确性

审核原始凭证的摘要是否符合要求，数量、单价、金额、合计数的计算与填写是否正确，大、小写金额是否相符，书写是否清楚等。

（4）审核原始凭证的完整性

审核原始凭证是否具备合法凭证所必需的基本内容，这些内容填写是否齐全，有无遗漏的项目；审核原始凭证的填制手续是否完备，有关单位和经办人员是否签章；是否经过主管人员审核批准；需经政府有关部门或领导批准的经济业务，审批手续是否按规定履行等。

4.2　记账凭证的填制与审核

1. 记账凭证的概念及分类

记账凭证是根据审核后的原始凭证，按照经济业务的内容加以归类，并据以确定会计分录而填制的作为登录账簿依据的凭证。

记账凭证按其用途不同，可以分为专用记账凭证和通用记账凭证两类。

专用记账凭证，是指分类反映经济业务的记账凭证。这种记账凭证按其反映经济业务的内容不同，又可分为收款凭证、付款凭证和转账凭证。收款凭证是用来记录货币资金收款业务的记账凭证。付款凭证是用来记录货币资金付款业务的记账凭证。转账凭证是用来记录与货币资金无关的转账业务的记账凭证。

通用记账凭证，是指用来记录所有经济业务的凭证，其格式一般与转账凭证格式相同。

2. 记账凭证的基本内容

记账凭证虽然种类不一，编制依据各异，但都要具备以下基本内容。

① 记账凭证的名称，如"收款凭证""付款凭证""转账凭证"等。

② 记账凭证的填制日期和编号。

③ 经济业务的内容摘要。

④ 经济业务应借、应贷会计科目（包括一、二级科目和明细科目）的名称和金额。

⑤ 所附原始凭证的张数。

⑥ 制证、审核、记账及会计主管人员的签名或盖章。收、付款凭证还要有出纳人员的签名或盖章。

3. 记账凭证的填制要求

填制记账凭证时要求格式统一、内容完整，科目运用正确，对应关系清晰，摘要简练，书写清晰、工整。具体要求如下。

（1）必须根据审核无误的原始凭证填制记账凭证

会计人员填制记账凭证时，应依据审核无误的原始凭证所记录的经济业务，经过分析、归类及整理后填制。除了更正错账、编制结账分录和按权责发生制要求编制的调整分录的记账凭证可以不附原始凭证以外，其余的记账凭证一般都应该附原始凭证。

（2）摘要简明

记账凭证摘要栏的文字说明应准确、简练。

（3）会计科目使用准确，账户对应关系清楚

会计科目必须按照《企业会计准则》统一规定的会计科目的全称填写，不得简化；应先写借方科目，后写贷方科目。一级科目和二级科目或明细科目要填写齐全，以便按会计科目归类汇总并登记有关明细账和总账。不得把不同类型的经济业务合并填列在一张记账凭证中，以防科目对应关系混淆不清。

（4）正确对记账凭证编号

记账凭证在一个月内应当连续编号，目的是分清记账凭证的先后顺序，便于登记账簿和日后记账凭证与会计账簿之间的核对，并防止散失。使用通用记账凭证的，可按经济业务发生的顺序编号，每月从第 1 号编起；使用专用记账凭证的，可按凭证类别分类编号，每月从收字第 1 号、付字第 1 号和转字第 1 号编起，也可将收款凭证和付款凭证再划分为现收第×号、银收第×号、现付第×号、银付第×号进行编号。如果一笔经济业务需要填制几张记账凭证，可采用"分数编号法"。例如，第 10 笔经济业务需要编制 3 张转账凭证，则三张凭证的编号应为"转字第 $10\frac{1}{3}$ 号、转字第 $10\frac{2}{3}$ 号、转字第 $10\frac{3}{3}$ 号"。前面的整数 10 表示业务顺序；分母 3 表示第 10 笔业务共编制 3 张凭证，分子 1、2 和 3 分别表示三张转账凭证中的第一、第二和第三张。不管采用哪种凭证编号方法，每月末最后一张记账凭证的编号旁要加注"全"字，以免凭证散失。

（5）附件齐全

记账凭证都要注明所附原始凭证的张数，以便查核。如果有重要资料或原始凭证数量过多需要单独保管，则要在记账凭证摘要栏中加以说明，并注明保管地点及编号。

4. 记账凭证的填制方法

1）专用记账凭证的填制方法

（1）收款凭证的填制

收款凭证（表 4-6）是用来记录货币资金收款业务的记账凭证。凭证左上角的借方科目根据经济业务所涉及的货币资金类别，填写"库存现金"或"银行存款"科目；日期填写填制收款凭证的日期；右上角的凭证编号填写收款凭证的编号，可编为"收字第×号""现收字第×号""银收字第×号"；摘要栏应简明扼要地说明所发生的经济业务；贷方科目栏填写与"库存现金"或"银行存款"科目对应的会计科目；记账符号栏是指该记账凭证是否已经登记了账簿，在该栏划"√"，表示已经过账，防止凭证所涉及的账户重记或漏记；金额栏填写经济业务的发生额；附件应填写该记账凭证所附的原始凭证的张数；凭证下方的"会计主管""记账""复核""出纳""制单"等处，有关人员必须签名或盖章，未使用的金额栏以斜线划销。

表 4-6 收款凭证

借方科目：　　　　　　　　　　　　年　月　日　　　　　　　　　　　　凭证编号：

摘要	贷方科目		金额									记账符号
	总账科目	明细科目	千	百	十	万	千	百	十	元	角	分	
附件：　　张	合计												

会计主管：　　　　　记账：　　　　　复核：　　　　　出纳：　　　　　制单：

（2）付款凭证的填制

付款凭证（表 4-7）是用来记录货币资金付款业务的记账凭证。付款凭证的填制方法与收款凭证的填制方法基本相同。只是凭证左上角为贷方科目填写"库存现金"或"银行存款"科目，借方科目栏填写与"库存现金"或"银行存款"科目对应的会计科目；右上角的凭证编号填写付款凭证的编号，可编为"付字第×号""现付字第×号""银付字第×号"。

应当注意的是，对于库存现金和银行存款之间及各种货币资金之间相互划转的业务，为避免重复记账或漏记账，只填制付款凭证，不再填制收款凭证。例如，将现金存入银行，根据该项经济业务的原始凭证，只填制一张库存现金付款凭证，不再填制银行存款收款凭证；相反，从银行提取现金时，根据有关原始凭证，只填制一张银行存款付款凭证，不再填制库存现金收款凭证。

表 4-7 付款凭证

摘要	借方科目		金额										记账符号
	总账科目	明细科目	千	百	十	万	千	百	十	元	角	分	
附件: 张	合 计												

贷方科目:　　　　　　　　　　　　　　年　月　日　　　　　　　　　　　　凭证编号:

会计主管:　　　　记账:　　　　复核:　　　　出纳:　　　　制单:

（3）转账凭证的填制

转账凭证（表 4-8）是用来记录与货币资金无关的转账业务的记账凭证。经济业务所涉及的会计科目全部填列在转账凭证内，借方科目填在上行，贷方科目填在下行；借方科目金额填入"借方金额"栏，贷方科目金额填入"贷方金额"栏，填入总账科目（或一级科目）或明细科目（或二级科目）的金额应相等；转账凭证的编号，可编为"转字第×号"。其他项目的填写方法与收款凭证、付款凭证相同。

表 4-8 转账凭证

年　月　日　　　　　　　　　　　　　　　　　　　　　凭证编号:

摘要	总账科目	明细科目	借方金额										贷方金额										记账符号
			千	百	十	万	千	百	十	元	角	分	千	百	十	万	千	百	十	元	角	分	
附件: 张	合 计																						

会计主管:　　　　记账:　　　　复核:　　　　出纳:　　　　制单:

2）通用记账凭证

通用记账凭证是不区分收、付款业务和转账业务，统一使用同一种格式的记账凭证。采用通用记账凭证，将经济业务所涉及的会计科目全部填列在一张凭证内。其填制方法与转账凭证类似。

【例 4-1】北京化工有限公司 2016 年 1 月 3 日，从北京明朗经贸发展有限公司购入生产蜜饯用的白糖 10 吨，1 月 6 日验收入库。增值税专用发票、转账支票存根及材料入库单如凭 4-1、凭 4-2 和凭 4-3 所示。

凭 4-1

北京增值税专用发票　　No60970127

开票日期：2016 年 01 月 03 日

购货单位	名　称：北京化工有限公司 纳税人识别号：91110108590544459l 地　址、电　话：北京市海淀区西苑三里 08 号 01083847491 开户行及账号：交通银行北京分行 0200001009012l3644121	密码区	（略）

货物或应税劳务名称	规格型号	单位	数量	单价	金额	税率	税额
白糖		吨	10.00	3 000.00	30 000.00	17%	5 100.00
合　计					¥30 000.00		¥5 100.00
价税合计（大写）	⊗叁万伍仟壹佰元整				¥35 100.00		

销货单位	名　称：北京明朗经贸发展有限公司 纳税人识别号：911101088022150463 地　址、电　话：北京市海淀区翠微路 5 号 01085108257 开户行及账号：交通银行北京分行 1441750l0400041073421	备注	

收款人：　　　　复核：　　　　开票人：李杰　　　　销售方（章）：

凭 4-2

中国工商银行支票存根

支票号码：XII　0074078

科　目＿＿＿＿＿＿＿＿

对方科目＿＿＿＿＿＿＿＿

出票日期　2016 年 01 月 03 日

收　款　人：	北京明朗经贸发展有限公司
金　　　额：	¥35 100.00
用　　　途：	采购白糖
备　　　注：	原材料

单位主管：冷红　　　　会计：张天

复　核：　　　　记账：

凭 4-3

材料入库单

2016年1月6日　　　　　　　　　　　　　　　仓字第 2 号

供货单位	北京明朗经贸发展有限公司		发票号：60970127		2016 年 1 月 6 日　收到			
编号	材料名称	规格（单位）	数量		进货		验收损耗	
			发票	实收	单价	金额	数量	金额
	白糖	吨	10	10	3 000.00	30 000.00		
					合计	¥30 000.00		
备注					验收人	张正		

仓库负责人：李力　　　　　　保管员：何成　　　　　　　　　　　　制单：李伟

第三联：财会

本例中的经济业务分两步记账。

① 1 月 3 日，开具银行转账支票，从北京明朗经贸发展有限公司采购白糖 10 吨，每吨 3 000 元，买价共计 30 000 元，增值税是 5 100 元，应根据增值税专用发票和转账支票存根编制银行存款的付款凭证，如凭 4-4 所示。

凭 4-4

付 款 凭 证

凭证编号：付字第 001 号
2016 年 01 月 03 日
出纳编号 001 号

贷方科目：银行存款

摘　要	结算	票号	借方科目		金　额								记账符号
			总账科目	明细科目	十	万	千	百	十	元	角	分	
采购原材料			在途物资	白糖		3	0	0	0	0	0	0	√
			应交税费	应交增值税（进项税额）			5	1	0	0	0	0	
附件：	贰	张	合　　计		¥	3	5	1	0	0	0	0	

会计主管：李华　　　记账：刘建　　　复核：赵瑜　　　出纳：贺余　　　制单：刘兴

② 1 月 6 日，白糖验收入库，根据材料入库单编制转账凭证，如凭 4-5 所示。

凭 4-5

转 账 凭 证

2016年01月06日　　　　　　　　　　　　　　　凭证编号：转字第 001 号

摘　要	会计科目		金　额		记账符号
	总账科目	明细科目	借方金额	贷方金额	
原材料验收入库	原材料	白糖	30 000.00		√
	在途物资	白糖		30 000.00	√
附件：　壹　张	合　计		¥30 000.00	¥30 000.00	

会计主管：李华　　　记账：刘建　　　复核：赵瑜　　　出纳：贺余　　　制单：刘兴

【例 4-2】2016 年 2 月 10 日，大连友谊食品公司向上海鸿运商场出售蜜饯一批。增值税专用发票、银行进账单和出库单如凭 4-6、凭 4-7 和凭 4-8 所示。

凭 4-6

大连增值税专用发票　　　　　No60970757

开票日期：2016 年 02 月 10 日

购货单位	名　　称：	上海鸿运商场					密码区		（略）		
	纳税人识别号：	913101019093268452									
	地　址、电　话：	上海市中山路 10 号 02181200281									
	开户行及账号：	中国工商银行上海分行松江支行 1645587654500357245									
货物或应税劳务名称	规格型号	单位	数量	单价	金额		税率		税额		
蜜饯		千克	500	40.00	20 000.00		17%		3 400.00		
合　计					¥20 000.00				¥3 400.00		
价税合计（大写）	⊗贰万叁仟肆佰元整				¥23 400.00						
销货单位	名　　称：	大连友谊食品公司					备注				
	纳税人识别号：	912102314567876567									
	地　址、电　话：	大连市西岗路 10 号 041185108257									
	开户行及账号：	中国工商银行大连分行西岗支行 5536787632450080042									

收款人：　　　　　复核：　　　　　开票人：刘芳　　　　　销售方（章）：

第一联　记账联　销售方记账凭证

凭4-7

中国工商银行 进账单（收账通知）

2016年02月12日

出票人	全称	上海鸿运商场	收款人	全称	大连友谊食品公司
	账号	1645587654500357245		账号	5536787632450080042
	开户行	中国工商银行上海分行松江支行		开户行	中国工商银行大连分行西岗支行

人民币（大写）	贰万叁仟肆佰零拾零元零角零分	千	百	十	万	千	百	十	元	角	分
				¥	2	3	4	0	0	0	0

票据种类	支票	1	转讫 收款人开户行盖章
票据号码		33220	
	复核	记账	

凭4-8

出 库 单

2016年02月10日 仓字第 7 号

购货单位		上海鸿运商场			发票号：60970757		第三联：记账
编号	材料名称	规格（单位）	数量	销 货			
				单价	金额		
	蜜饯	千克	500	40.00	20 000.00		
		合计	500	合计	¥20 000.00		
备注				验收人	钱进		

仓库负责人：李华　　　　　　保管员：宁京　　　　　　制单：李项

本例的经济业务应通过如下三步完成。

① 2月10日，大连友谊食品公司销售蜜饯，根据增值税专用发票编制转账凭证，如凭4-9所示。

凭4-9

转 账 凭 证

2016年02月10日　　　　　　　　　　　　凭证编号：转字第003号

摘 要	会计科目		金 额		记账符号
	总账科目	明细科目	借方金额	贷方金额	
销售商品	应收账款	上海鸿运商场	23 400		√
	主营业务收入	蜜饯		20 000	√
	应交税费	应交增值税（销项税额）		3 400	√
附件：壹张	合 计		¥23 400.00	¥23 400.00	

会计主管：周路　　记账：张克　　复核：张科　　出纳：方成　　制单：刘海

② 2月10日，库存商品（蜜饯）出库，根据出库单编制转账凭证，如凭4-10所示。

凭4-10

转 账 凭 证

2016年02月10日　　　　　　　　　　　　　凭证编号：转字第004号

摘　要	会计科目		金　额		记账符号
	总账科目	明细科目	借方金额	贷方金额	
结转已销蜜饯成本	主营业务成本	蜜饯	20 000		√
	库存商品	蜜饯		20 000	√
附件：　壹　张		合　计	¥20 000.00	¥20 000.00	

会计主管：周路　　　记账：张克　　　复核：张科　　　出纳：方成　　　制单：刘海

③ 2月12日收到银行进账通知单，根据进账单编制收款凭证，如凭4-11所示。

凭4-11

收 款 凭 证

借方科目：银行存款　　　　2016年02月12日　　　　　　　出纳编号002号

凭证编号：收字第001号

摘　要	结算方式	票号	贷方科目		金　额									记账符号
			总账科目	明细科目	百	十	万	千	百	十	元	角	分	
收到上海鸿运商场的货款			应收账款	上海鸿运商场			2	3	4	0	0	0	0	√
附件：　壹　张			合　计		¥		2	3	4	0	0	0	0	

会计主管：周路　　　记账：张克　　　复核：张科　　　出纳：方成　　　制单：刘海

5. 记账凭证的审核

为了保证账簿记录的准确性，除了编制记账凭证的人员应当认真负责、正确填制、加强自审以外，同时还应建立专人审核制度。审核的内容主要包括以下几个方面。

① 审核记账凭证是否附有原始凭证，所附原始凭证的张数与记账凭证中填列的附件张数是否相等，所附原始凭证记录的经济业务内容与记账凭证内容是否相等，二者金额是否相等；审核未附原始凭证的记账凭证是否属于调账、结账和更正错账类业务。

② 审核记账凭证的应借、应贷科目是否正确，账户对应关系是否清晰，所使用的会

计科目及其核算内容是否符合会计制度的规定,金额计算是否准确。

③ 审核摘要是否填写清楚、项目填写是否完整、有关人员签章是否齐全。出纳人员在办理收款业务和付款业务后,应在凭证上加盖"收讫"或"付讫"的戳记,避免重收重付。在审核记账凭证过程中若发现错误,应查明原因,及时更正。如果错误的记账凭证尚未登记入账,则需重新编制一张正确的记账凭证;若错误记账凭证(审核时未被发现)已据以登记入账,更正错误的方法将在第5章中加以说明。只有经过审核无误的记账凭证,才可以据以登记入账。

6. 会计凭证的保管

会计凭证的保管是指会计凭证记账后的整理、装订、归档和存查工作。作为记账的依据,会计凭证是重要的会计档案和经济资料。

按照《会计档案管理办法》的要求,对会计凭证的保管,既要做到会计凭证的安全和完整无缺,又要便于凭证的调阅和查找。其具体要求包括以下几个方面。

① 会计凭证应定期装订成册,防止散失。从外单位取得的原始凭证遗失时,应取得原签发单位盖有公章的证明,并注明原始凭证的号码、金额、内容等,由经办单位会计机构负责人、会计主管人员和单位负责人批准后,才能代作原始凭证。若确实无法取得证明,如车票丢失,则应由当事人写明详细情况,由经办单位会计机构负责人、会计主管人员和单位负责人批准后,代作原始凭证。

② 会计凭证封面应注明:单位名称、凭证种类、凭证张数、起止号数、年度、月份、会计主管人员、装订人员等有关事项,会计主管人员和保管人员应在封面上签章。

③ 会计凭证应加贴封条,防止抽换凭证。原始凭证不得外借,其他单位如有特殊原因确实需要使用时,经本单位会计机构负责人、会计主管人员批准,可以复制。向外单位提供的原始凭证复印件,应在专设的登记簿上登记,并由提供人员和收取人员共同签名、盖章。

④ 原始凭证较多时,可单独装订,但应在凭证封面注明所属记账凭证的日期、编号和种类,同时在所属的记账凭证上注明"附件另订"及原始凭证的名称和编号,以便查阅。各种经济合同、存出保证金收据及涉外文件等重要的原始凭证,应另编目录,单独登记保管,并在有关的记账凭证和原始凭证上相互注明日期和编号。

每年装订成册的会计凭证,在年度终了时可暂由单位会计机构保管一年,期满后应当移交本单位档案机构统一保管,未设立档案机构的,应当在会计机构内部指定专人保管。出纳人员不得监管会计档案。

⑤ 严格遵守会计凭证的保管期限要求,期满前不得任意销毁。任何单位不得擅自销毁会计凭证。

4.3 实 训

实训一 原始凭证的填制

1. 实训目的

熟悉各种经济业务发生时应填制的原始凭证种类、格式及内容,并掌握其填制的方法、技能,加深对原始凭证有效性的认识。

2. 实训资料和要求

(1)现金支票——提取备用金

2016年2月1日,北京南方股份有限公司开出一张1 000元的现金支票,以从银行提取备用金,请填写现金支票,其格式如凭4-12所示。

凭4-12

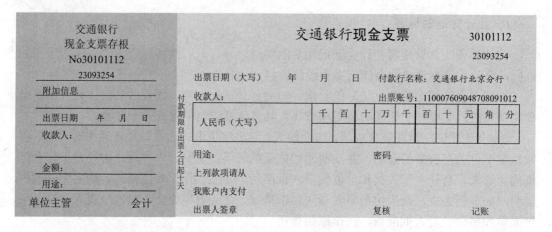

(2)转账支票——支付货款

2016年4月11日,北京化工有限公司从联科化工有限公司购进一批原材料,价款为9 580元,以转账支票支付,请填制转账支票,其格式如凭4-13所示。

凭4-13

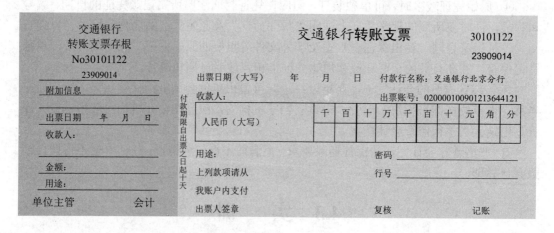

(3)收到转账支票

2016年5月14日,北京南方股份有限公司收到昌盛实业有限公司的一张转账支票,到本公司开户行(交通银行北京西城支行)办理进账前支票的背书处理,然后转(4)填写进账单。转账支票正面、背面格式如凭4-14-1、凭4-14-2所示。

凭 4-14-1

交通银行转账支票

30101122
23909821

出票日期（大写）贰零壹陆 年 零伍 月 壹拾肆 日　　付款行名称：交通银行北京西城支行

收款人：北京南方股份有限公司　　出票账号：1100076323130010 78967

人民币（大写）捌仟贰佰叁拾玖元捌角整	千	百	十	万	千	百	十	元	角	分
				¥	8	2	3	9	8	0

用途：货款

上列款项请从
我账户内支付
出票人签章　　　　　　　　　复核　　　　　记账

密码 9809876543567891

行号 _____

付款期限自出票之日起十

凭 4-14-2

附加信息	被背书人	被背书人
	背书人签章 年　月　日	背书人签章 年　月　日

（4）到银行办理进账

2016 年 5 月 14 日，承（3），填写银行进账单，其格式如凭 4-15、凭 4-16 所示。

凭 4-15

交通银行进账单（贷方凭证）

年　月　日

出票人	全　称		收款人	全　称									此联由收款人开户银行作贷方凭证
	账　号			账　号									
	开户银行			开户银行									
金额	人民币 （大写）			亿	千	百	十	万	千	百	十	元	角	分
票据种类		票据张数											
票据号码													
备注				复核　　　　　记账									

凭 4-16

交通银行进账单（回单）

年　月　日

出票人	全　称		收款人	全　称										
	账　号			账　号										
	开户银行			开户银行										
金额	人民币（大写）				亿	千	百	十	万	千	百	十	元	角	分
票据种类		票据张数												
票据号码														
复核		记账							开户银行签章					

此联是开户银行交给持票人的回单

（5）收回多余款项

2016 年 5 月 26 日，北京化工有限公司的采购员李明交回多余差旅费 195 元。请填写收回余款的收款收据（由马峰开具并收款），其格式如凭 4-17 所示。

凭 4-17

收 款 收 据

NO 76768321

年　月　日

今收到 ＿＿＿＿＿＿＿＿＿＿＿＿＿＿＿＿＿＿＿＿＿＿＿＿＿＿＿＿＿＿

交来：＿＿＿＿＿＿＿＿＿＿＿＿＿＿＿＿＿＿＿＿＿＿＿＿＿＿＿＿＿＿

金额（大写）　　　拾　　万　　仟　　佰　　拾　　元　　角　　分

¥ ＿＿＿＿　□现金　□支票　□信用卡　□其他　收款单位（签章）

第一联 存根

核准　　　　　会计　　　　　记账　　　　　出纳　　　　　经手人

（6）开具增值税专用发票

2016 年 7 月 21 日，北京明朗经贸发展有限公司销售给上海市龙光贸易公司一批商品，请开具增值税专用发票（本公司发票专用章由财务经理保管，税率 17%）。原始凭证：销售单（凭 4-18）。增值税专用发票格式如凭 4-19 所示。

凭 4-18

销 售 单

购货单位：上海市龙光贸易公司　　　　地址、电话：上海市光华路23号 02165589556

单据编号：s011260078　　　　　　　　制单日期：2016 年 07 月 21 日

纳税人识别号：913101120354285434　　开户行及账号：交通银行上海分行 1402000100192001656 73

编码	产品名称	规格	单位	单价	数量	金额	备注
01	打印机	#2101	台	1 000.00	30	30 000.00	不含税价
02	传真机	#302	台	880.00	50	44 000.00	
合计	人民币（大写）：柒万肆仟元整					¥74 000.00	

会计联

总经理：王靓　　　销售经理：李莉　　　经手人：何钦　　　会计：李磊　　　签收人：

凭 4-19

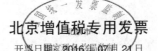

北京增值税专用发票　　　　No60972924

开票日期：2016 年 07 月 21 日

购货单位	名　　称： 纳税人识别号： 地址、电话： 开户行及账号：			密码区	（略）			第一联 记账联 销售方记账凭证
货物或应税劳务名称	规格型号	单位	数量	单价	金额	税率	税额	
合计								
价税合计（大写）	⊗				¥			
销货单位	名　　称：北京明朗经贸发展有限公司 纳税人识别号：911101088022150463 地址、电话：北京市海淀区翠微路5号　01085108257 开户行及账号：交通银行北京分行　144175010400041073421			备注				

收款人：　　　　　复核：　　　　　开票人：李杰　　　　　销售方（章）：

（7）开具增值税普通发票

2016 年 6 月 27 日，恒通商贸有限公司销售给北京红星商贸公司一批货物（适用增值税税率为 17%），根据相关信息开具增值税普通发票（本公司发票专用章由开票人保管）。原始凭证：销售单（凭 4-20）。增值税普通发票格式如凭 4-21 所示。

凭 4-20

销 售 单

购货单位：北京红星商贸公司　　地址、电话：北京市中山路58号 01020713217
单据编号：s011260069　　制单日期：2016年06月27日
纳税人识别号：911101017899432908　　开户行及账号：中国工商银行北京分行 12326489021126555554

编码	产品名称	规格	单位	单价	数量	金额	备注
06	被套	BT-135	床	120.00	2	240.00	不含税价
07	被套	BT-145	床	120.00	2	240.00	
合计	人民币（大写）：肆佰捌拾元整					¥480.00	

总经理：林美　　销售经理：罗文　　经手人：李今　　会计：郭启明　　签收人：

会计联

凭 4-21

北京增值税普通发票　　No30961826

开票日期：2016年06月27日

购货单位	名　　　称：			密码区		（略）		
	纳税人识别号：							
	地址、电话：							
	开户行及账号：							

货物或应税劳务名称	规格型号	单位	数量	单价	金额	税率	税额
合计							
价税合计（大写）	⊗				¥		

销货单位	名　　　称：恒通商贸有限公司	备注
	纳税人识别号：911101088022121752	
	地址、电话：中关村南大街褰太大厦　01085103148	
	开户行及账号：交通银行北京分行　02000100901412677812	

收款人：　　复核：　　开票人：武进　　销售方（章）：

第一联 记账联 销售方记账凭证

（8）入库单的填写1

2016年6月10日，江丰实业有限公司采购部购入一批计算器，请根据原始凭证填写入库单（验收仓库是第三仓库，按照实际价格入库）。原始凭证：增值税专用发票（凭4-22）。入库单格式如凭4-23所示。

凭 4-22

凭 4-23

入 库 单

年　月　日
单号：00025478

交来单位及部门			发票号码或生产单号码		验收仓库		入库日期		价格差异	业务联
编号	名称及规格	单位	数量		实际价格		计划价格			
			交库	实收	单价	金额	数量	金额		
01										
合　计										

部门经理：　　　　　会计：　　　　　仓库：　　　　　经办人：艾静

（9）入库单的填写 2

2016 年 10 月 9 日，恒通商贸有限公司采购部购入一批商品，请根据原始凭证填写入库单（验收仓库：第七仓库，采用实际成本法）。原始凭证：增值税专用发票（凭 4-24）。入库单格式如凭 4-25 所示。

凭 4-24

北京增值税专用发票　　No60972951

开票日期：2016 年 10 月 09 日

购货单位	名　　称：恒通商贸有限公司 纳税人识别号：911101088022121752 地址、电话：中关村南大街寰太大厦　01085103148 开户行及账号：交通银行北京分行　02000010090141 2677812	密码区	（略）

货物或应税劳务名称	规格型号	单位	数量	单价	金额	税率	税额
钢化玻璃	100*85	块	50.00	240.00	12 000.00	17%	2 040.00
合计					￥12 000.00		￥2 040.00

价税合计（大写）	⊗壹万肆仟零肆拾元整	￥14 040.00

销货单位	名　　称：北京南方股份有限公司 税务登记号：911101010456150752 地址、电话：北京市东城区和平里东街 22 号　01088227854 开户行及账号：交通银行北京分行　11000760904870809101	备注	（发票专用章）

收款人：　　　　　复核：　　　　　开票人：武进　　　　　销售方（章）：

凭 4-25

入 库 单

年　月　日　　　　　　　　　　　　　　　单号：00023011

交来单位及部门		发票号码或生产单号码		验收仓库		入库日期	
编号	名称及规格	单位	数量		实际价格		计划价格		价格差异
			交库	实收	单价	金额	数量	金额	
03									
合计									

部门经理：　　　　会计：　　　　仓库：　　　　经办人：吴元

（10）收料单的填写

　　2016 年 5 月 10 日，北京化工有限公司从福州市化工厂购进丙酮，以转账方式结算，请填写收料单（发货数与实收数一致；合同号：Q058）。原始凭证：增值税专用发票（凭 4-26）。收料单格式如凭 4-27 所示。

凭 4-26

福建增值税专用发票　　No60970127

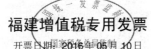

开票日期：2016 年 05 月 10 日

| 购货单位 | 名　　称：北京化工有限公司
纳税人识别号：911101085905444591
地址、电话：北京市海淀区西苑三里 08 号 01083847491
开户行及账号：交通银行北京分行 020000100901213644121 | 密码区 | （略） |

货物或应税劳务名称	规格型号	单位	数量	单价	金额	税率	税额
丙酮	SW10	千克	2 000.00	120.00	240 000.00	17%	40 800.00
合计					¥240 000.00		¥40 800.00

| 价税合计（大写） | ⊗贰拾捌万零捌佰元整 | ¥280 800.00 |

| 销货单位 | 名　　称：福州市化工厂
纳税人识别号：913501005852398822
地址、电话：福州市黄山路 69 号　059125487412
开户行及账号：中国工商银行福州支行 1560665334567856432 | 备注 | （发票专用章） |

收款人：　　　　　复核：　　　　　开票人：王明　　　　　销售方（章）

第三联 发票联 购买方记账凭证

凭 4-27

收　料　单

年　月　日　　　　　　　　　　　　　　　编码：01

材料编号	材料名称	规格	材质	单位	数量		实际单价	材料金额	运杂费	合计（材实际成本）
					应收	实收				
A01										
供货单位				结算方法			合同号		计划单价	材料计划成本
备注										

主管：　　　　　质量检验员：　　　　　仓库验收：　　　　　经办人：李克

（11）领料单的填写

2016 年 7 月 3 日，北京化工有限公司运输部领用火花塞 100 个用于修理汽车。请填写领料单（请领数量与实发数量一致），其格式如凭 4-28 所示。

凭 4-28

领 料 单

领料部门：

用途：　　　　　　　　　　　　　年　月　日　　　　　　　　　　　　　06 第 153 号

材料			数量		成本									
编号	名称	规格	单位	请领	实发	单价	总价							
							百	十	万	千	百	十	元	角	分
01															
合计															

部门经理：　　　　　　会计：　　　　　　　　仓库：　　　　　　　　经办人：于军

（12）出库单的填写

2016 年 9 月 18 日，北京明朗经贸发展有限公司销售一批力士香皂给森达贸易有限公司，请填写出库单（出货仓库是第三仓库）。原始凭证：销售单（凭 4-29）。出库单格式如凭 4-30 所示。

凭 4-29

销 售 单

购货单位：森达贸易有限公司　　　　　　　　地址、电话：北京市西城区胡同路 78 号 01082334655
单据编号：014532078　　　　　　　　　　　纳税人识别号：911101045326744592
开户行及账号：交通银行北京分行 11000763213001009171　　制单日期：2016 年 09 月 18 日

编码	产品名称	规格	单位	单价	数量	金额	备注
01	力士香皂		个	6.00	1 000	6 000.00	不含税价
合计	人民币（大写）：陆仟元整					¥6 000.00	

总经理：聂光远　　　销售经理：喻贾　　　经手人：江海辉　　　会计：韩梅梅　　　签收人：

凭 4–30

出 库 单

出货单位：　　　　　　　　　　　　　年　月　日　　　　　　　　　　　单号：905674

提货单位或领货部门		销售单号		发出仓库		出库日期	
编号	名称及规格	单位	数量		单价	金额	
			应发	实发			
01							
合　计							

部门经理：　　　　　　　会计：　　　　　　　仓库：　　　　　　　经办人：蔡晓美

（13）限额领料单的填写

2016 年 2 月，瑞成纸品有限公司第四生产车间共领用了三次红麻纤维纸浆（规格是 A 级），原材料编号为 A001，用于生产精品纸张（2 月 1 日领用了 50 吨，2 月 11 日领用了 40 吨，2 月 21 日领用了 10 吨，领料人均是赵学猛，发料人均是梁立韵）。此原材料当月限额领料数量为 120 吨。请根据相关信息填写限额领料单（发料仓库是第四仓库，申领数量与实发数量一致，无代用数量和退料数量，限额结余需填写）。限额领料单格式如凭 4–31 所示。

凭 4–31

限额领料单

领料部门：　　　　　　　　　　　　　　　　　　　　　　　　　凭证号：00000812

用途：　　　　　　　　　　　　　年　月　日　　　　　　　　　　发出仓库：

材料类别	材料编号	材料名称及规格	计量单位	领用限额	实际领用	单价	金额	备注

供应部门负责人：刘丽娟　　　　　　　　　　生产计划部门负责人：郭志庆

日期	数量		领料人签章	发料人签章	扣除代用数量	退料		限额结余
	请领	实发				数量	收料人	发料人

（14）工资表的填写

2016年8月1日，北京南方股份有限公司根据工资资料编制工资表。原始凭证：七月份工资资料（凭4-32）。工资表格式如凭4-33所示。

凭4-32

七月份工资资料

编制单位：北京南方股份有限公司　　　　　　　　　　　　　　　　　　　　单位：元

编号	姓名	基本工资	职务工资	奖金	加班工资	应付工资	备注
1	林名	4 300.00	500.00	100.00	150.00	5 050.00	
2	陈公	3 000.00	500.00	100.00	0.00	3 600.00	
3	陈名	3 500.00	500.00	200.00	100.00	4 300.00	
4	陈红	4 000.00	600.00	100.00	100.00	4 800.00	
5	王光	2 800.00	100.00	100.00	200.00	3 200.00	
6	王亮	3 600.00	300.00	200.00	100.00	4 200.00	
⋮	⋮	⋮	⋮	⋮	⋮	⋮	
							个人缴纳养老保险160元，医疗保险40元，住房公积金90元

凭 4-33

七月份工资表

制表日期：2016 年 08 月 01 日

顺序号	工号及姓名	基本工资	职务工资	奖金	加班工资	（一）产病工资			（一）事假		应发工资	代扣款项				实发金额	领款人签章
						日数	%	工资	日数	工资		养老保险	医疗保险	住房公积金	个人所得税		
1																	
2																	
3																	
4																	
5																	
6																	
7																	
8																	
9																	
10																	
11																	
12																	
13																	
14																	
15																	
16																	
17																	
18																	
19																	
20																	
合计																	

出纳： 制表：张哲

（15）固定资产转移单的填写

2016 年 7 月 19 日，江丰实业有限公司因业务量增加，急需扩大生产规模，故将一台原由资产保管部门保管的机床转入第一生产车间，请填写固定资产转移单。原始凭证：固定资产卡片（凭 4-34）。固定资产转移单格式如凭 4-35 所示。

凭4-34

固定资产卡片

使用单位：资产保管部门　　　　　　　　　　　　　　　　　　　　填表日期：2016年05月10日

类别	机器设备	出厂或交接验收日期	2016年05月10日	预计使用年限	20年
编号	23909	购入或使用日期	2016年05月10日	预计残值	32 000.00
名称	机床	放置或使用地址	资产保管部门	预计清理费用	
型号规格	AL909	负责人	黄芳	月折旧率	0.35%
建造单位		总造价	200 000.00	月大修理费用提存率	
设备主要技术参数或建筑物占地面积、建筑面积及结构		设备主要配件名称、数量或建筑物附设设备	大修理记录		固定资产改变记录
			时间	项目	

凭4-35

固定资产转移单

变动日期　　年　月　日

资产编号	固定资产名称	型号	数量	转出部门	转入部门	备注
转移原因						
转入部门			部门领导		资产管理员	
转出部门			部门领导		资产管理员	
资产办公室领导签字：						

（16）固定资产报废单的填写

2016年6月21日，君悦电子有限公司生产车间的一台排风机到期报废，请填写固定资产报废单。原始凭证：固定资产卡片（凭4-36）。固定资产报废单格式如凭4-37所示。

凭 4-36

固定资产卡片

使用单位：生产车间　　　　　　　　　　　　　　　　　　　填表日期：2011 年 06 月 21 日

类别	机器设备	出厂或交接验收日期	2011 年 06 月 21 日	预计使用年限	5 年
编号	23167	购入或使用日期	2011 年 06 月 21 日	预计残值	2 000.00
名称	排风机	放置或使用地址	生产车间	预计清理费用	
型号规格	SD126	负责人	刘燕燕	月折旧率	1.6%
建造单位		总造价	50 000.00	月大修理费用提存率	
设备主要技术参数或建筑物占地面积、建筑面积及结构		设备主要配件名称、数量或建筑物附设设备	大修理记录		固定资产改变记录
			时间	项目	

凭 4-37

固定资产报废单

　　　　　　　　　　　　　　　　年　月　日　　　　　　　　　　　　　凭证编号：907865

固定资产名称及编号	规格型号	单位	数量	购买日期	已计提折旧月数	原始价值	已提折旧	备注
固定资产状况及报废原因								
处理意见		使用部门		技术鉴定小组		固定资产管理部门		主管部门审批

审核：　　　　　　　　　　　　　　　　　　　　　　　　　　　　　　　　　　　　　　　制单：

（17）周转材料盘点报告表的填写

2016 年 6 月 30 日，北京化工有限公司第一仓库盘点周转材料螺钉（编号 31），计量单位：千克，单价 20 元。账面结存数量为 2 550 千克，金额 51 000 元。实际盘点的结果如下：数量 2 500 千克，金额 50 000 元。请填写周转材料盘点报告表，其格式如凭 4-38 所示。

凭 4-38

周转材料盘点报告表

单位名称：　　　　　　　　　　　年　月　日　　　　　　　　　　单位：元

编号	类别及名称	计量单位	单价	实存		账存		对比结果				备注
								盘盈		盘亏		
				数量	金额	数量	金额	数量	金额	数量	金额	

监盘人：高可欣　　　　　　　　　　　　　　　　　　　　　　盘点人：张艳

3. 实训提示

（1）支票的填写及使用要求

支票是出票人签发的，委托办理支票存款业务的银行在见票时无条件支付确定的金额给收款人或者持票人的票据。支票上印有"现金"字样的为现金支票，现金支票只能用于支取现金。单位和个人在同一票据交换区域的各种款项结算，均可以使用支票。

① 签发支票的金额不得超过付款时付款人实有的存款金额，禁止签发空头支票。

② 签发现金支票必须符合国家现金管理的规定。支票的提示付款期限为自出票日起10日。

③ 填写出票日期时，出票日期必须使用中文大写，不得更改。月为壹、贰和拾的，应在其前加"零"。日为壹至玖和壹拾、贰拾和叁拾的，应在其前加"零"；日为拾壹至拾玖的，应在其前加"壹"。

④ 需填写付款行名称和出票人账号，即出票人的开户银行名称及存款账户的账号。

⑤ 需填写收款人全称，且不得更改。

⑥ 需填写人民币大写金额，且不得更改。大写金额数字应紧接"人民币"字样填写，不得留有空白；填写小写金额，前面应加人民币符号"￥"，大、小写金额必须一致。

⑦ 需填写款项的用途，用途必须符合国家现金管理的规定。

⑧ 需出票人签章，即企业财务专用章和法人代表章。

⑨ 存根联的出票日期与正联的出票日期应一致，可用小写；存根联的收款人与正联的收款人应一致；存根联的金额与正联的金额应一致，可用小写。

（2）进账单的填写

① 进账单是持票人或收款人将票据款项存入收款人在银行账户的凭证，也是银行将票据款项记入收款人账户的凭证。

② 填写银行进账单时，必须清楚地填写票据种类、票据张数、收款人名称、收款人开户银行及账号、付款人名称、付款人开户银行及账号、票据金额等，并连同相关票据一并交给银行经办人员。

③ 进账单一式三联，第一联回单联交给持票人，作为受理票据的依据，第二联银行作贷方凭证，第三联为收款通知，交给收款人。

（3）收款收据的填写

收款单位根据交款人交来的款项填写收据，写明交款单位、交款的原因和数额，当面清点交款数额后，将收据交给交款人收存。

（4）增值税专用发票的填写

增值税是对在我国境内销售货物或者提供加工、修理修配劳务及进口货物的单位和个人，就其取得的货物或应税劳务销售额计算税款，并实行税款抵扣的一种流转税。增值税专用发票填写时应注意以下几点。

① 发票日期按公历用阿拉伯数字填写；单位名称填写全称，地址、电话不能省略；纳税人识别号按全国统一的税务登记证件代码填写。开户银行及账号按购货单位开户银行名称和支票注明账号填写。

② "货物或应税劳务名称"栏可填写货物名称或应税劳务种类等，不同货物或应税劳务名称应分别填列，一张发票最多填写三种货物或应税劳务名称。

③ "规格型号""单位""数量"栏应填写货物的规格型号、单位和数量。

④ "金额"栏应填写不含税的销售额，在票面上反映的是数量和单价的乘积。"金额合计"栏应填写本张发票所填开的不含税销售额之和，数量、单位的合计栏不填写。

⑤ "税率"栏应填写依据税收法规所确定的税率，税率合计栏不填写；"税额"栏应填写金额与税率的乘积；"税额合计"栏应填写本张发票的税额合计数。

⑥ "价税合计" 栏应填写金额合计加上税额之和，并用汉字大写数字和阿拉伯数字同时填写。

⑦ "购货单位"栏由收款人（开票人）签章或盖章，"销货单位"栏应加盖在税务机关发票发售部门预留印鉴的"发票专用章"。

⑧ 增值税专用发票共三联：第一联是记账联，是销货方的记账凭证；第二联是抵扣联（购货方用来扣税）；第三联是发票联（购货方用来记账）。

（5）入库单的填写

入库单是指企业从其他单位采购的原材料或产品入库时所填写的单据。它除了记录商品的名称、商品的编号、实际验收数量、进货价格等内容外，还要记录与采购有关的合同编号、采购价格、结算方式等内容。

入库单一般为一式三联，第一联留作仓库登记实物账；第二联交给采购部门，作为采购员办理付款的依据；第三联交给财务部门记账。根据不同的需要，也可以增加一联，交给送货人员，留作商品已经送到的依据。

（6）领料单的填写

领料单一般为一式四联：第一联为存根联，留领料部门备查；第二联为记账联，留会计部门作为出库材料的核算依据；第三联为保管联，留仓库作为登记材料明细账的依据；第四联为业务联，留供应部门作为物质供应统计的依据。

领料单由车间经办人员填制，车间负责人、领料人、仓库管理员和发料人均需在领料单上签字，无签章或签章不全的均无效，不能作为记账的依据。

实训二 原始凭证的审核

1. 实训目的

通过审核原始凭证,掌握审核原始凭证的要求与方法,熟悉审核原始凭证的一般要求,提高鉴别原始凭证真实性、合法性、合理性的能力,对审核后的原始凭证能区别不同情况进行处理。

2. 实训资料和要求

(1) 原始凭证的审核——增值税发票

2016年7月5日,北京化工有限公司取得600.5元发票,请审核原始发票,并选择正确的原始凭证。增值税普通发票如凭4-39、凭4-40、凭4-41、凭4-42所示。

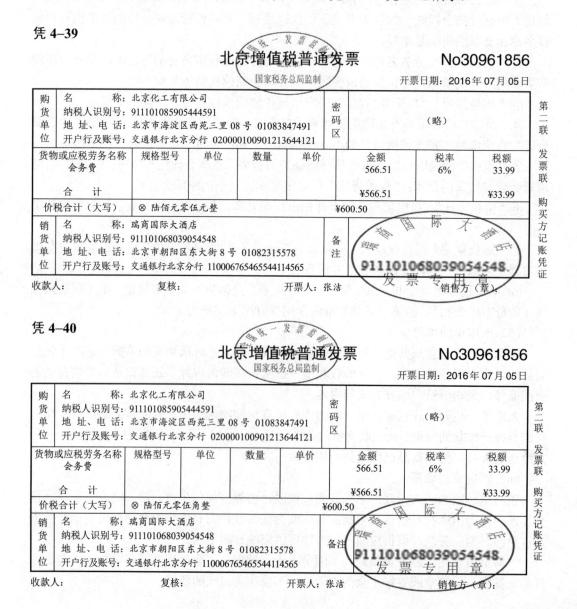

凭 4-41

北京增值税普通发票　　　　　　No30961856

国家税务总局监制　　　　　　开票日期：2016 年 07 月 05 日

购货单位	名　　称：北京化工有限公司 纳税人识别号：91110108590544591 地　址、电　话：北京市海淀区西苑三里08号 01083847491 开户行及账号：交通银行北京分行 020000100901213644121	密码区	（略）

货物或应税劳务名称	规格型号	单位	数量	单价	金额	税率	税额
会务费					566.51	6%	33.99
合　　计					¥566.51		¥33.99

价税合计（大写）	⊗ 陆佰元零伍角整	¥600.50

销货单位	名　　称：瑞商国际大酒店 纳税人识别号：911101068039054548 地　址、电　话：北京市朝阳区东大街8号 01082315578 开户行及账号：交通银行北京分行 110006765465544114565	备注	（发票专用章）

收款人：　　　　复核：　　　　开票人：张洁　　　　销售方（章）：

凭 4-42

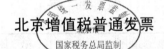

北京增值税普通发票　　　　　　No30961856

国家税务总局监制　　　　　　开票日期：2016 年 07 月 05 日

购货单位	名　　称：北京化工有限公司 纳税人识别号：91110108590544591 地　址、电　话：北京市海淀区西苑三里08号 01083847491 开户行及账号：交通银行北京分行 020000100901213644121	密码区	（略）

货物或应税劳务名称	规格型号	单位	数量	单价	金额	税率	税额
会务费					566.51	6%	33.99
合　　计					¥566.51		¥33.99

价税合计（大写）	⊗ 陆佰元零伍角整	¥600.50

销货单位	名　　称：瑞商国际大酒店 纳税人识别号：911101068039054548 地　址、电　话：北京市朝阳区东大街8号 01082315578 开户行及账号：交通银行北京分行 110006765465544114565	备注	（发票专用章）

收款人：　　　　复核：　　　　开票人：张洁　　　　销售方（章）：

（2）原始凭证的审核——发票

2016 年 1 月 2 日，北京化工有限公司办公室张俊购买办公用品到财务科报销，填好报销单，其报销单下附原始凭证包括哪些？增值税普通发票、入库单、领料单如凭 4-43、凭 4-44、凭 4-45 所示。

凭4-43

北京增值税普通发票　　　No30961856

开票日期：2016年01月01日

购货单位	名　　　称：北京化工有限公司
	纳税人识别号：91110108590544591
	地址、电话：北京市海淀区西苑三里08号 01083847491
	开户行及账号：交通银行北京分行 02000010090121364412

密码区　（略）

货物或应税劳务名称	规格型号	单位	数量	单价	金额	税率	税额
文件夹		个	10	12.821 0	128.21	17%	21.79
笔记本		本	120	6.837 5	820.51	17%	139.49
合　　计					¥948.72		¥161.28
价税合计（大写）	⊗ 壹仟壹佰壹拾元整				¥1 110.00		

销货单位	名　　　称：北京明发商贸有限公司
	纳税人识别号：911101054221556712
	地址、电话：北京市朝阳区劲松中街北里16号 01088236856
	开户行及账号：交通银行北京分行 020000001009144571012

备注：（发票专用章）

收款人：　　　复核：　　　开票人：张洁　　　销售方（章）：

第二联 发票联 购买方记账凭证

凭4-44

入　库　单

2016年01月02日　　　　　　　　　　　　　　单号：09874652

交来单位及部门	北京明发商贸有限公司		发票号码或生产单号码	12262378		验收仓库	第一仓库		入库日期	2016.01.02
编号	名称及规格	单位	数量		实际价格		计划价格		价格差异	
			交库	实收	单价	金额	数量	金额		
01	文件夹	个	10	10						
02	笔记本	本	120	120						
	合　计									

部门经理：　　　会计：　　　仓库：邓长明　　　经办人：王刚

会计联

凭4-45

领　料　单

领料部门：办公室
用　　途：办公用

2016年01月02日　　　　　　　　　　　09 第002号

材料			单位	数量		单价	成本 总价							
编号	名称	规格		请领	实发		百	十	万	千	百	十	元	角	分
01	文件夹		个	10	10										
02	笔记本		本	120	120										
合计															

部门经理：王海明　　　会计：李亮　　　仓库：李玲　　　经办人：王力

会计联

第4章 会计凭证的填制与审核

（3）原始凭证的审核——借款单

2016年4月5日，联发实业有限公司采购部采购员李兴出公差，预借差旅费1 500元，其填写的借款单如凭4-46所示。请审核该原始凭证，如果填写有误，请帮其填写正确的单据。

凭4-46

借 款 单

2016年04月05日　　　　　　　　　　　　　　　　　　　　　　第00113号

借款部门	生产部门	姓名		李兴	事由	公差	
借款金额（大写）		零万壹仟伍佰零拾零元零角零分				￥1 500.00	
部门负责人签署		借款人签章		李兴	注意事项	一、凡借用公款必须使用本单 二、出差返回后三天内结算	
单位领导批示		财务经理审核意见					

（4）原始凭证的审核——进账单

2016年7月4日，北京化工有限公司的出纳张华到银行办理转账支票进账（交易金额是50 000元），填写的进账单如凭4-47所示。请审核该原始凭证，如果填写有误，请帮其填写正确的单据。

凭4-47

交通银行进账单（收账通知）

2016年07月04日

出票人	全　称	北京南方股份有限公司	收款人	全　称	北京化工有限公司									此联是收款人开户银行交给收款人的收款通知
	账　号	110007609048708091012		账　号	020000100901213644121									
	开户银行	交通银行北京分行		开户银行	交通银行北京分行									
金额	人民币伍仟元整（大写）				万	千	百	十	万	千	百	十	元	角	分
									￥	5	0	0	0	0	0
票据种类		票据张数			交通银行北京分行 2016.07.04 转讫									
票据号码														
	复核		记账						收款人开户银行签章					

3. 实训提示

（1）增值税发票的审核

主要审核增值税发票开具时的主要项目是否填写完整，特别是购货方和销货方名称、纳税人识别号、地址、电话、开户行及账号不能漏填或错填，税额和价税合计是否正确，金额大、小写是否一致，发票上销货方的财务印鉴是否清晰可辨，取得的发票是否为抵扣税款联和记账联。

（2）发票的审核

主要审核是否印有税务局监制章，购货单位、商品或劳务名称、金额计算是否正确，大、小写金额是否一致，是否加盖供应单位发票专用章。

（3）借款单的审核

主要审核审批人是否签名，大、小写金额是否一致，借款人是否签名等。

（4）进账单的审核

主要审核收、付款人账户及开户银行名称是否正确，进账单上的金额是否与支票金额一致，大、小写金额是否一致等。

实训三　记账凭证的编制

1. 实训目的

通过编制记账凭证，掌握根据原始凭证编制各种记账凭证的方法，提高账务处理的能力。

2. 实训资料和要求

1）填制收款凭证

（1）销售收款 1

2016 年 7 月 25 日，北京化工有限公司销售一批二丙烯基醚，货款已收。请根据原始凭证编制收款凭证。增值税专用发票、销售单、银行业务回单如凭 4–48、凭 4–49、凭 4–50 所示。

凭 4–48

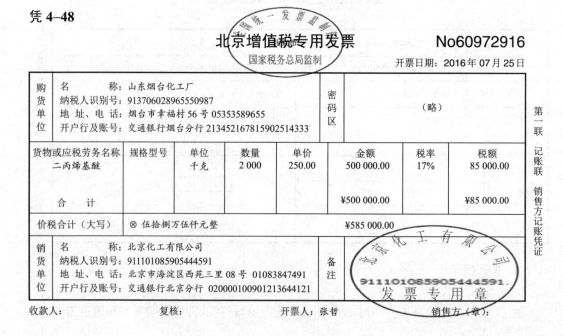

凭 4-49

销 售 单

购货单位：山东烟台化工厂　　　地　址、电　话：烟台市幸福村56号 05353589655　　　单据编号：S01126042
制单日期：2016年07月25日　　　纳税人识别号：913706028965550987
开户行及账号：交通银行烟台分行 213452167815902514333

编码	产品名称	规格	单位	单价	数　量	金　额	备注
01	二丙烯基醚		千克	250.00	2 000	500 000.00	不含税价
合计	人民币（大写）：伍拾万元整					¥500 000.00	

总经理：王靓瑛　　　销售经理：李晓　　　经手人：李克　　　会计：张哲　　　签收人：

会计联

凭 4-50

交通银行业务回单

2016年07月25日　　　凭证编号：03374065

出票人	全　称	山东烟台化工厂		收款人	全　称	北京化工有限公司									
	账　号	213452167815902514333			账　号	02000010090121364412									
	开户银行	交通银行烟台分行			开户银行	交通银行北京分行									
金额	人民币（大写）伍拾捌万伍仟元整					亿	千	百	十	万	千	百	十	元	角	分
									¥	5	8	5	0	0	0	0	0
用途		货款		开户银行签章											
备注	业务种类					交通银行北京分行 2016.07.25 转讫									
	原凭证种类														
	原凭证号码														
	原凭证金额					2016年07月25日									

收 款 凭 证

借方科目：　　　　　　　　　　　　年　月　日　　　　　　　　　　凭证编号：

摘　要	贷方科目		金　额										记账符号
	总账科目	明细科目	千	百	十	万	千	百	十	元	角	分	
附件：　　张	合　计												

会计主管：　　　　　记账：　　　　　复核：　　　　　出纳：　　　　　制单：

（2）销售收款 2

2016 年 10 月 3 日，北京南方股份有限公司销售一批甘油丙烯醚，货款收回并存入银行。请根据原始凭证编制收款凭证。银行进账单、增值税专用发票、销售单如凭 4–51、凭 4–52、凭 4–53 所示。

凭 4–51

交通银行进账单（收账通知） 3

2016 年 10 月 03 日

出票人	全称	大华机械厂	收款人	全称	北京南方股份有限公司
	账号	123422000548874125485		账号	110007609048708091012
	开户银行	交通银行北京分行		开户银行	交通银行北京分行

金额	人民币伍拾柒万叁仟叁佰元整（大写）	亿 千 百 十 万 千 百 十 元 角 分
		¥ 5 7 3 3 0 0 0 0

票据种类		票据张数	
票据号码			

复核　　　　　记账　　　　　　　　　　　　　收款人开户银行签章

（交通银行北京分行 2016.10.03 转讫）

此联是收款人开户银行交给收款人的收款通知

凭 4–52

北京增值税专用发票　　No60972917

开票日期：2016 年 10 月 03 日

购货单位	名　　称：大华机械厂	密码区	（略）
	纳税人识别号：911101085905444591		
	地　址、电　话：北京市禾山路 988 号　01082466521		
	开户行及账号：交通银行北京分行　123422000548874125485		

货物或应税劳务名称	规格型号	单位	数量	单价	金额	税率	税额
甘油丙烯醚		件	7 000.00	70.00	490 000.00	17%	83 300.00
合　　计					¥490 000.00		¥83 300.00

价税合计（大写）	⊗ 伍拾柒万叁仟叁佰元整	¥573 300.00

销货单位	名　　称：北京南方股份有限公司	备注	（发票专用章 北京南方股份有限公司 911101010456150752）
	纳税人识别号：911101010456150752		
	地　址、电　话：北京市东城区和平里东街 22 号　01088227854		
	开户行及账号：交通银行北京分行　110007609048708091012		

收款人：　　　　复核：　　　　开票人：张翔　　　　销售方（章）：

第一联 记账联 销售方记账凭证

凭 4–53

销 售 单

购货单位：大华机械厂　　　地 址、电 话：北京市禾山路 988 号 01082466521　　　单据编号：12907295
制单日期：2016 年 10 月 03 日
纳税人识别号：911101085905444591　　开户行及账号：交通银行北京分行 12342200054887412 5485

编码	产品名称	规格	单位	单价	数量	金额	备注
01	甘油丙烯醚		件	70.00	7 000	490 000.00	不含税价
合计	人民币（大写）肆拾玖万元整					¥490 000.00	

会计联

总经理：赵渊　　　销售经理：刘华明　　　经手人：苗伟　　　会计：李亭　　　签收人：

收 款 凭 证

借方科目：　　　　　　　　　　　　　年　月　日　　　　　　　　　　凭证编号：

摘　要	贷方科目		金　额										记账符号
	总账科目	明细科目	千	百	十	万	千	百	十	元	角	分	
附件：　张		合　计											

会计主管：　　　记账：　　　复核：　　　出纳：　　　制单：

（3）收回汇票款项

2016 年 7 月 13 日，北京化工有限公司商业汇票到期办理进账。请根据原始凭证编制收款凭证。托收凭证、银行承兑汇票复印件如凭 4–54、凭 4–55 所示。

凭 4-54

托收凭证（收账通知）

委托日期 2016 年 07 月 13 日　　　　　　　付款期限 2016 年 07 月 13 日

	业务类型	委托收款（□邮划、☑电划）		托收承付（□邮划、□电划）			
付款人	全称	交通银行广州分行		收款人	全称	北京化工有限公司	
	账号	410872000400078522232			账号	020000100901213644121	
	地址	广东省广州市	开户行	交通银行广州分行	地址	北京市	开户行	交通银行北京分行
金额		人民币（大写）贰万捌仟元整			千百十万千百十元角分 ¥ 2 8 0 0 0 0 0		
款项内容		材料款	委托收款凭据名称	银行承兑汇票	附寄单据张数	1	
商品发运情况		已发运			合同名称号码	Z21003	
备注		上述款项已划回收入你方账户内。 收款人开户银行签章 年　月　日					
		复核　记账					

凭 4-55

银行承兑汇票　2　　　　　　　　30104452

出票日期（大写）贰零壹陆年肆月壹拾伍日

出票人	全称	江丰实业有限公司	收款人	全称	北京化工有限公司
	账号	410872000400078522232		账号	020000100901213644121
	开户银行	交通银行广州分行		开户银行	交通银行北京分行
金额		人民币贰万捌仟元整（大写）		亿千百十万千百十元角分 ¥ 2 8 0 0 0 0 0	
汇票到期日（大写）		贰零壹陆年肆月壹拾伍日	付款行	行号	301300789878
承兑协议编号		09021342		地址	广州天河区体育东路六运五街78号
此汇票请你行承兑，到期无条件付款。 出票人签章			本汇票已经承兑，到期日由本行付款 承兑行签章 承兑日期 2016 年 04 月 15 日 备注	密押 复核　记账	

收　款　凭　证

借方科目：　　　　　　　　　　　年　月　日　　　　　　　　　　凭证编号：

摘　要	贷方科目		金　额		记账符号
	总账科目	明细科目	千百十万千百十元角分		
附件：　　张	合　计				

会计主管：　　　　　记账：　　　　　复核：　　　　　出纳：　　　　　制单：

（4）收回货款1

2016年7月18日，北京化工有限公司收回上月销售款，请根据原始凭证编制收款凭证。银行进账单如凭4-56所示。

凭4-56

交通银行进账单（收账通知） 3

2016年07月18日

出票人	全　称	北京瑞鑫加工厂		收款人	全　称	北京化工有限公司										此联是收款人开户银行交给收款人的收款通知
	账　号	12343125032210012220			账　号	0200001009012213644121										
	开户银行	中国工商银行北京支行			开户银行	交通银行北京分行										
金额	人民币伍万捌仟元整（大写）					亿	千	百	十	万	千	百	十	元	角	分
										¥	5	8	0	0	0	0
票据种类		票据张数														
票据号码				交通银行北京分行 2016.07.18 转讫												
	复核		记账							收款人开户银行签章						

收 款 凭 证

借方科目：　　　　　　　　　　　　　　　年　月　日　　　　　　　　　　　凭证编号：

摘　要	贷方科目		金　额									记账符号
	总账科目	明细科目	千	百	十	万	千	百	十	元	角	分	
附件： 张	合　计												

会计主管：　　　　　　记账：　　　　　　复核：　　　　　　出纳：　　　　　　制单：

（5）收回货款2

2016年12月1日，君悦电子有限公司收到大明公司所欠货款。请根据原始凭证编制收款凭证。业务回单如凭4-57所示。

凭 4-57

交通银行业务回单

2016年12月01日　　　　　　　凭证编号：20520697

出票人	全称	大明公司	收款人	全称	君悦电子有限公司
	账号	210236521465551111		账号	02000100192001654 7821
	开户银行	中国银行福州支行		开户银行	交通银行上海分行

金额	人民币（大写）伍万元整	亿 千 百 十 万 千 百 十 元 角 分
		￥5 0 0 0 0 0 0

用途	货款	开户银行签章
备注	业务种类	交通银行北京分行 2016.12.01 转讫
	原凭证种类	
	原凭证号码	
	原凭证金额	2016 年 12 月 01 日

收 款 凭 证

借方科目：　　　　　　　　　年　月　日　　　　　　　　凭证编号：

摘要	贷方科目		金额										记账符号
	总账科目	明细科目	千	百	十	万	千	百	十	元	角	分	
附件：　　张	合计												

会计主管：　　　　记账：　　　　复核：　　　　出纳：　　　　制单：

（6）预收货款

2016 年 10 月 24 日，北京南方股份有限公司收到北京明发商贸有限公司转来预付货款，请根据原始凭证编制收款凭证。银行进账单、购销合同如凭 4-58、凭 4-59 所示。

凭 4-58

交通银行进账单（收账通知） 3

2016 年 10 月 24 日

出票人	全 称	北京明发商贸有限公司	收款人	全 称	北京南方股份有限公司
	账 号	0200000010091445710102		账 号	110007609048708091012
	开户银行	交通银行北京分行		开户银行	交通银行北京分行

金额	人民币叁拾万元整（大写）	亿	千	百	十万	千	百	十	元	角	分
				¥	3	0	0	0	0	0	0

票据种类		票据张数	
票据号码			

复核　　　记账　　　　　　　　　　　开户银行签章

交通银行北京分行 2016.10.24 转讫

此联是收款人开户银行交给收款人的收款通知

凭 4-59

购 销 合 同

购方：<u>北京明发商贸有限公司</u>　　　合同编号：<u>3201470</u>

销方：<u>北京南方股份有限公司</u>　　　签约地点：<u>北京市东城区和平里东街 22 号</u>

供需双方本着互惠互利、长期合作的原则，根据《中华人民共和国合同法》及双方的实际情况，订立本合同，以使双方在合同履行中共同遵守。

一、产品名称、数量单价、金额

产品名称	规格型号	计量单位	数量	单价	金额	备注
木地板	2 440×1 220 mm	片	70 000	100.00	7 000 000.00	
						含税价，税率为 17%
合　计					¥7 000 000.00	

合计人民币（大写）柒佰万元整

二、质量要求技术标准
供方对质量负责的条件和期限：按合同企业标准。

三、交提货地点、方式
销货方送至购货方仓库。

四、付款时间与方式
1. 双方协定预付货款 300 000.00 元。
2. 产品交货时间为 2016 年 11 月 10 日。

收 款 凭 证

借方科目：　　　　　　　　　　　　年　月　日　　　　　　　　　　　　凭证编号：

摘　要	贷方科目		金　额										记账符号
	总账科目	明细科目	千	百	十	万	千	百	十	元	角	分	
附件：　　　张	合　计												

会计主管：　　　　　记账：　　　　　复核：　　　　　出纳：　　　　　制单：

（7）收回员工借款

2016 年 10 月 6 日，北京南方股份有限公司采购员代卫报销差旅费，交回多余款。请根据原始凭证编制收款凭证。收款收据如凭 4-60 所示。

凭 4-60

收 款 收 据　　　　NO 44560021
2016 年 10 月 06 日

今收到　代卫
交来：预借差旅费余款 350.00 元　　　　现金收讫
金额（大写）　零拾　零万　零仟　叁佰　伍拾　零元　零角　零分
¥ 350.00　　☑现金　　□支票　　□信用卡　　□其他　　收款单位（签章）

核准　　　　会计　　　　记账　　　　出纳　刘明　　　　经手人

第三联　交财务

收 款 凭 证

借方科目：　　　　　　　　　　　　年　月　日　　　　　　　　　　　　凭证编号：

摘　要	贷方科目		金　额										记账符号
	总账科目	明细科目	千	百	十	万	千	百	十	元	角	分	
附件：　　　张	合　计												

会计主管：　　　　　记账：　　　　　复核：　　　　　出纳：　　　　　制单：

（8）银行借款

2016 年 12 月 23 日，北京南方股份有限公司向银行借入短期借款，请根据原始凭证编制收款凭证。借款借据、借款合同如凭 4-61、凭 4-62 所示。

凭 4-61

借款借据（收账通知）

借款日期 2016 年 12 月 23 日　　　　借据编号 201837

收款单位	全　称	北京南方股份有限公司	付款单位	全　称	交通银行北京分行	此联退回借款单位
	账　号	110007609048708091012		账　号	110007609048708091011	
	开户银行	交通银行北京分行		开户银行	交通银行北京分行	

借款金额	人民币（大写）捌万元整	亿	千	百	十	万	千	百	十	元	角	分
					¥	8	0	0	0	0	0	0

借款原因及用途	生产周转备金	借款期限	2016 年 12 月 23 日至 2017 年 03 月 22 日

你单位上列借款，已转入你单位结算账户内。

此致
（银行盖章）

凭 4-62

借款合同

借款单位：（以下简称借款方）北京南方股份有限公司
贷款单位：（以下简称贷款方）交通银行北京分行

　　借款方为生产周转需要，特向贷款方申请借款，经贷款方审核同意发放，为明确双方责任，恪守信用，特签订本合同，共同遵守。

第一，借款方向贷款方借款人民币（大写）捌万元整，期限三个月，从 2016 年 12 月 23 日至 2017 年 03 月 22 日，年利率为 6%，自支用贷款之日起，按月计算利息，按季结息，到期归还本金。

第二，贷款方应如期向借款方发放贷款，否则，按违约数额和延期天数，付给借款方违约金，违约金数额的计算，与逾期贷款罚息相同，即为 1%。

第三，贷款利率为年利率 6%。

第四，借款方应按合同使用贷款，不得转移用途，否则，贷款方有权提前终止合同。

第五，借款方保证按借款合同所定期限归还贷款本息，如需延期，借款方应在贷款到期前三天，提出延期申请，经贷款方同意，办理延期手续，但延期最长不得超过原订合同期限的一半，贷款方未同意延期或未办理延期手续的逾期贷款，加收罚息。

第六，借款方以房产（价值 500 万元）作为借款抵押，房产证件由贷款方保管（或公证机关保管），公证费由借款方负担。

第七，贷款到期，借款方未归还贷款，又未办理延期手续，贷款方有权依照法律程序处理借款方作为贷款抵押的物资和财产，返还借款本息。

第八，本合同正本 2 份，借贷方各执一份。

第九，本合同自签订之日起生效，贷款本息全部结清后失效。

借款单位：北京南方股份有限公司（签章）　　贷款单位：交通银行北京分行（签章）
签约日期：2016 年 12 月 22 日　　　　　　　　签约日期：2016 年 12 月 22 日

收 款 凭 证

借方科目：　　　　　　　　　　　　年　月　日　　　　　　　　　　　　凭证编号：

摘　要	贷方科目		金　额										记账符号
	总账科目	明细科目	千	百	十	万	千	百	十	元	角	分	
附件：　　　张	合　计												

会计主管：　　　　　记账：　　　　　复核：　　　　　出纳：　　　　　制单：

（9）收到投资款

2016年10月18日，北京南方股份有限公司收到投资人北京明朗经贸发展有限公司投资款，请根据原始凭证编制收款凭证。银行进账单、验资报告（复印件）如凭4-63、凭4-64所示。

凭4-63

交通银行进账单（收账通知）　3

2016年10月18日

出票人	全　称	北京明朗经贸发展有限公司	收款人	全　称	北京南方股份有限公司	此联是收款人开户银行交给收款人的收款通知
	账　号	144175010400041073421		账　号	110007609048708091012	
	开户银行	交通银行北京分行		开户银行	交通银行北京分行	
金额	人民币壹拾伍万元整（大写）		亿 千 百 十 万 千 百 十 元 角 分 　　　　￥ 1 5 0 0 0 0 0 0			
票据种类		票据张数		交通银行北京分行 2016.10.18 转讫		
票据号码						
复核　　　　　　记账				开户银行签章		

凭 4-64

验 资 报 告

北京南方股份有限公司：

　　我们接受委托，审验了贵公司截至 2016 年 10 月 18 日止新增注册资本及实收资本情况。按照法律法规及协议章程的要求出资，提供真实、合法、完整的验资资料，保护资产的安全、完整是全体股东及贵公司的责任。我们的责任是对贵公司新增注册资本及实收资本情况发表审验意见。我们的审验是依据《中国注册会计师审计准则第 1602 号——验资》进行的。在审验过程中，我们结合贵公司的实际情况，实施了检查等审验程序。

　　贵公司原注册资本为人民币捌佰万元整，实收资本为人民币捌佰万元整。根据贵公司 2016 年 10 月 18 日股东会决议和修改后的章程规定，贵公司申请增加注册资本人民币壹拾伍万元整，由北京明朗经贸发展有限公司（以下简称甲方）于 2016 年 10 月 20 日之前一次缴足，变更后的注册资本为人民币捌佰壹拾伍万元整，经我们审验，截至 2016 年 10 月 18 日止，贵公司已收到甲方缴纳的新增注册资本（实收资本）合计人民币壹拾伍万元整（大写）。

　　同时我们注意到，贵公司本次增资前的注册资本人民币捌佰万元整，实收资本人民币捌佰万元整，已经北京天和会计师事务所有限公司审验，并于 2013 年 4 月 12 日出具京和（2013）验 0023 字验资报告。截至 2016 年 10 月 18 日止，变更后的累计注册资本为人民币捌佰壹拾伍万元整，实收资本为人民币捌佰壹拾伍万元整。

　　本验资报告供贵公司申请办理注册资本及实收资本变更登记及据以向全体股东签发出资证明时使用，不应被视为是对贵公司验资报告日后资本保全、偿债能力和持续经营能力等的保证。因使用不当造成的后果，与执行本验资业务的注册会计师及本会计师事务所无关。

附件：1. 新增注册资本实收情况明细表
　　　2. 注册资本及实收资本变更前后对照表
　　　3. 验资事项说明

中瑞天华会计师事务所　　　　　中国注册会计师：张云佳　李勇

收 款 凭 证

借方科目：　　　　　　　　　　年　月　日　　　　　　　　　　凭证编号：

摘　要	贷方科目		金　额										记账符号
	总账科目	明细科目	千	百	十	万	千	百	十	元	角	分	
附件：　　张	合　计												

会计主管：　　　　　记账：　　　　　复核：　　　　　出纳：　　　　　制单：

（10）销售材料

2016 年 11 月 22 日，新华经贸发展有限公司出售一批原材料。请根据原始凭证编制收款凭证。增值税专用发票、进账单、销售单如凭 4-65、凭 4-66、凭 4-67 所示。

凭 4-65

北京增值税专用发票　　　　No60972952

北京市　　开票日期：2016 年 11 月 22 日
国家税务总局监制

购货单位	名　　　称：北京正大公司 纳税人识别号：91110101808854117 地　址、电　话：北京市山水路 87 号　01024125874 开户行及账号：中国银行北京支行　1203210608091002121	密码区	（略）

货物或应税劳务名称	规格型号	单位	数量	单价	金额	税率	税额
水泥		吨	10.00	590.00	5 900.00	17%	1 003.00
合　　计					￥5 900.00		￥1 003.00

价税合计（大写）	⊗ 陆仟玖佰零叁元整	￥6 903.00

销货单位	名　　　称：新华经贸发展有限公司 纳税人识别号：911101011673421073 地　址、电　话：北京市海天路 87 号　01084487871 开户行及账号：交通银行北京分行　110006765465549087611	备注	（发票专用章）

收款人：　　　　复核：　　　　开票人：钱多多　　　　销售方（章）：

凭 4-66

交通银行进账单（收账通知）　3

2016 年 11 月 22 日

出票人	全　称	北京正大公司	收款人	全　称	新华经贸发展有限公司
	账　号	1203210608091002121		账　号	110006765465549087611
	开户银行	中国银行北京支行		开户银行	交通银行北京分行

金额	人民币（大写）陆仟玖佰零叁元整	亿	千	百	十	万	千	百	十	元	角	分
							￥	6	9	0	3	0	0

票据种类		票据张数	
票据号码			

（交通银行北京分行 2016.11.22 转讫）

复核：　　　　记账：　　　　　　　　　　　收款人开户银行签章

凭 4-67

销 售 单

购货单位：北京正大公司　　地址、电话：北京市山水路87号 01024125874　　单据编号：20161122
制单日期：2016 年 11 月 22 日
纳税人识别号：911101018088541117　　开户行及账号：中国银行北京支行 1203210060809100121

编码	产品名称	规格	单位	单价	数量	金额	备注
	水泥		吨	590.00	10	5 900.00	不含税价
合计	人民币（大写）：伍仟玖佰元整					¥5 900.00	

会计联

总经理：王勤　　销售经理：刘瑛慧　　经手人：王浩　　会计：钱多多　　签收人：

收 款 凭 证

借方科目：　　　　　　　　　　　　　　　　年　月　日　　　　　　　　　　　　凭证编号：

摘要	贷方科目		金额									记账符号
	总账科目	明细科目	千	百	十	万	千	百	十	元	角	分	
附件：　　张	合　计												

会计主管：　　　记账：　　　复核：　　　出纳：　　　制单：

（11）收押金
2016 年 6 月 5 日，北京明朗经贸发展有限公司销售一批货物，收取包装物押金 4 000 元，请根据原始凭证编制收款凭证。收款收据如凭 4-68 所示。

凭 4-68

收 款 收 据　　　　NO 00490021
2016 年 06 月 05 日

今收到　北京百货公司　　　　　　　　　　　现金收讫
交来　包装物押金
金额（大写）　零拾　零万　肆仟　零佰　零拾　零元　零角　零分
¥4 000.00　　☑现金　□支票　□信用卡　□其他　　收款单位（签章）

核准　　　会计　　　记账　　　出纳 李鑫　　　经手人

第三联 交财务

收 款 凭 证

借方科目：　　　　　　　　　　　　年　月　日　　　　　　　　　　　　凭证编号：

摘　要	贷方科目		金　额									记账符号
	总账科目	明细科目	千	百	十	万	千	百	十	元	角	分	
附件：　　　张		合　计											

会计主管：　　　　　　记账：　　　　　　复核：　　　　　　出纳：　　　　　　制单：

2）填制付款凭证

（1）支付购货款

2016年7月1日，北京化工有限公司偿还之前欠祥源化工原料厂的材料款，请根据原始凭证编制付款凭证。转账支票存根、银行进账单如凭4-69、凭4-70所示。

凭4-69

```
          交通银行
        转账支票存根
        No30101122
          23909023
        附加信息

出票日期　2016年07月01日
收款人：祥源化工原料厂

金额：¥250 000.00
用途：支付购货款

单位主管　　　　　会计
```

凭 4–70

交通银行进账单（回单）1

2016 年 07 月 01 日

出票人	全称	北京化工有限公司	收款人	全称	祥源化工原料厂	此联是开户银行交给持票人的回单
	账号	02000010090121364 4121		账号	678509070708091001	
	开户银行	交通银行北京分行		开户银行	中国银行北京分行	
金额	人民币贰拾伍万元整（大写）			亿 千 百 十 万 千 百 十 元 角 分 ¥ 2 5 0 0 0 0 0 0		
票据种类	转账支票	票据张数	1	交通银行北京分行 2016.07.01 转讫		
票据号码		23909023				
	复核		记账		开户银行签章	

付 款 凭 证

年　月　日　　　　　　　　　　　　　　　　　凭证编号：

贷方科目：

摘　要	借方科目		金　额										记账符号
	总账科目	明细科目	千	百	十	万	千	百	十	元	角	分	
附件：　　张	合　计												

会计主管：　　　　　记账：　　　　　复核：　　　　　出纳：　　　　　制单：

（2）购买办公用品

2016 年 7 月 5 日，北京化工有限公司管理部门以现金购买办公用品（小件物品，未通过入库，直接领用）。请根据原始凭证编制付款凭证。报销单、增值税普通发票如凭 4–71、凭 4–72 所示。

凭4-71

报 销 单

填报日期 2016 年 07 月 05 日　　　　　　　　单据及附件共 1 张

姓名	柴广进	所属部门	行政部	报销形式	现金
				支票号码	

报销项目	摘要	金额	备注
计算器		500.00	
	现金付讫		
合　计		¥500.00	

金额大写：零拾零万零仟伍佰零拾零元零角零分　　　原借款：　元　　　应退（补）款：¥500.00 元

总经理：王靓瑛　　财务经理：郑镭　　部门经理：柴少峰　　会计：张哲　　出纳：贺余　　报销人：柴广进

凭4-72

北京增值税普通发票　　No30961856

开票日期：2016 年 07 月 05 日

购货单位	名　　称：北京化工有限公司	密码区	（略）
	纳税人识别号：911101085905444591		
	地　址、电　话：北京市海淀区西苑三里 08 号　01083847491		
	开户行及账号：交通银行北京分行　02000010090121364 4121		

货物或应税劳务名称	规格型号	单位	数量	单价	金额	税率	税额
计算器		台	10.00	42.735	427.35	17%	72.65
合　计					¥427.35		¥72.65

价税合计（大写）　⊗ 伍佰元整　　　　　　¥500.00

销货单位	名　　称：恒通商贸有限公司
	纳税人识别号：911101088022121752
	地　址、电　话：中关村南大街寰太大厦　01085103148
	开户行及账号：交通银行北京分行　02000010090 1 4412677812

收款人：　　　　复核：　　　　开票人：宋立　　　　销售方（章）：

付 款 凭 证

贷方科目：　　　　　　　　　　年　月　日　　　　　　　　　　凭证编号：

摘　要	借方科目		金　额										记账符号
	总账科目	明细科目	千	百	十	万	千	百	十	元	角	分	
附件：　　张	合　计												

会计主管：　　　　　记账：　　　　　复核：　　　　　出纳：　　　　　制单：

（3）提取现金

2016年10月15日，北京南方股份有限公司从银行提取现金用于发放工资，请根据原始凭证编制付款凭证。现金支票存根如凭4–73所示。

凭4–73

付 款 凭 证

贷方科目：　　　　　　　　　　年　月　日　　　　　　　　　　凭证编号：

摘　要	借方科目		金　额										记账符号
	总账科目	明细科目	千	百	十	万	千	百	十	元	角	分	
附件：　　张	合　计												

会计主管：　　　　　记账：　　　　　复核：　　　　　出纳：　　　　　制单：

(4) 发放工资

2016 年 12 月 8 日，北京南方股份有限公司以现金发放上月职工工资。请根据原始凭证编制付款凭证。工资表如凭 4-74 所示。

凭 4-74

工 资 表

单位：元

序号	姓名	基本工资	浮动工资	应发工资	社保险（个人）	公积金（个人）	个人所得税	实发工资	签名
01	林玲	2 400.00	1 100.00	3 500.00	300.00	200.00	0.00	3 000.00	林玲
02	李明	2 400.00	1 100.00	3 500.00	300.00	200.00	0.00	3 000.00	李明
03	马明	2 880.00	1 100.00	3 980.00	300.00	200.00	0.00	3 480.00	马明
04	张翔	2 600.00	1 100.00	3 700.00	300.00	200.00	0.00	3 200.00	张翔
05	孙萍辉	2 600.00	1 100.00	3 700.00	300.00	200.00	0.00	3 200.00	孙萍辉
06	黄静静	2 900.00	1 100.00	4 000.00	300.00	200.00	0.00	3 500.00	黄静静
07	王海	2 700.00	1 100.00	3 800.00	300.00	200.00	0.00	3 300.00	王海
08	赵明	2 700.00	1 100.00	3 800.00	300.00	200.00	0.00	3 300.00	赵明
09	杨宇	2 850.00	1 100.00	3 950.00	300.00	200.00	0.00	3 450.00	杨宇
10	唐晓云	2 900.00	1 100.00	4 000.00	300.00	200.00	0.00	3 500.00	唐晓云
⋮	⋮	⋮	⋮	⋮	⋮	⋮	⋮	⋮	⋮
42	张丙鑫	2 500.00	1 100.00	3 600.00	300.00	200.00	0.00	3 480.00	张丙鑫
合计		134 980.00	46 200.00	181 180.00	12 600.00	8 400.00	180.00	160 000.00	

（盖章：现金付讫）

付 款 凭 证

贷方科目：　　　　　　　　　　年　月　日　　　　　　　　凭证编号：

摘　要	借方科目		金　额											记账符号
	总账科目	明细科目	千	百	十	万	千	百	十	元	角	分		
附件：　　　张	合　计													

会计主管：　　　　　　记账：　　　　　　复核：　　　　　　出纳：　　　　　　制单：

(5) 预借差旅费

2016 年 7 月 23 日，北京化工有限公司职工预借差旅费，以现金支付。请根据原始凭证编制付款凭证。借款单（个人）如凭 4-75 所示。

凭 4-75

借 款 单

2016年07月23日　　现金付讫　　第00109号

借款部门	销售部门	姓名	周修民	事由	出差
借款金额（大写）	零万壹仟零佰零拾零元零角零分			¥1 000.00	
部门负责人签署	刘定	借款人签章	周修民	注意事项	一、凡借用公款必须使用本单 二、出差返回后三天内结算
单位领导批示	王靓	财务经理审核意见	郑镭		

付 款 凭 证

贷方科目：　　　　　　　　　年　月　日　　　　　　　　　凭证编号：

摘　要	借方科目		金　额									记账符号
	总账科目	明细科目	千	百	十	万	千	百	十	元	角	分	
附件：　　张	合　计												

会计主管：　　　　　　记账：　　　　　　复核：　　　　　　出纳：　　　　　　制单：

（6）现金存款

2016年7月26日，北京化工有限公司将以现金方式收到的货款存入银行，请根据原始凭证编制付款凭证。现金解款单如凭4-76所示。

凭 4-76

交通银行（北京分行）现金解款单（回单）

2016年07月26日

收款单位	全　称	北京化工有限公司			款项来源	货款						
	账　号	02000010090121364 4121			解款部门	销售部门						
人民币（大写）叁仟伍佰元整					百	十	千	百	十	元	角	分
							¥ 3	5	0	0	0	0
券别	张数	金额	券别	张数	金额	（收款银行盖章） 交通银行北京分行 2016.07.26 转讫						
百元			二元									
五十元			一元									
十元			角									
五元			分									
银行打印：												

付款凭证

贷方科目：　　　　　　　　　　年　月　日　　　　　　　　　　凭证编号：

摘　要	借方科目		金　额										记账符号
	总账科目	明细科目	千	百	十	万	千	百	十	元	角	分	
附件：　　张	合　计												

会计主管：　　　　　记账：　　　　　复核：　　　　　出纳：　　　　　制单：

（7）支付货款

2016年12月2日，高科通信设备有限公司支付所欠北京百货公司的购货款，请根据原始凭证编制付款凭证。银行进账单、转账支票存根如凭4-77、凭4-78所示。

凭4-77

交通银行进账单（回单）1

2016年12月02日

出票人	全　称	高科通信设备有限公司	收款人	全　称	北京百货公司	此联是开户银行交给持票人的回单
	账　号	430016614000500012761		账　号	1208764100005568869	
	开户银行	交通银行北京分行		开户银行	中国工商银行北京支行	
金额	人民币叁万元整（大写）		亿 千 百 十 万 千 百 十 元 角 分 　　　　　　¥ 3 0 0 0 0 0 0			
票据种类	转账支票	票据张数　　1				
票据号码	23197231					
	复核　　　　记账			开户银行签章		

交通银行北京分行　2016.12.02　转讫

凭4-78

交通银行
转账支票存根
No30101122
　　23197231
附加信息
出票日期　2016年12月02日
收款人：北京百货公司
金额：¥30 000.00
用途：货款
单位主管　　　　　　会计

付 款 凭 证

贷方科目：　　　　　　　　　　　　　年　月　日　　　　　　　　　　　　凭证编号：

摘　要	借方科目		金　额										记账符号
	总账科目	明细科目	千	百	十	万	千	百	十	元	角	分	
附件：　　张	合　计												

会计主管：　　　　　记账：　　　　　复核：　　　　　出纳：　　　　　制单：

（8）购买办公用品

2016年12月3日，高科通信设备有限公司行政部门报销办公用品款，出纳以现金支付，请根据原始凭证编制付款凭证。入库单、报销单、增值税专用发票如凭4-79、凭4-80、凭4-81所示。

凭4-79

入 库 单

2016年12月03日　　　　　　　　　　　　　　　　单号：00127541

交来单位及部门		行政部		发票号码或生产单号码		30961856		验收仓库		二号仓库		入库日期	2016 12.03	
编号	名称及规格		单位	数量		实际价格			计划价格			价格差异		会计联
				交库	实收	单价		金额	数量		金额			
01	A4打印纸		包	10	10									
02	计算器		台	10	10									
合　计														

部门经理：　　　　　会计：　　　　　仓库：黄明　　　　　经办人：王昱

凭 4-80

报 销 单

填报日期 2016 年 12 月 03 日　　　　　　　　　单据及附件共 2 张

姓名	王琳	所属部门	行政部	报销形式	现金
				支票号码	现金付讫
报销项目		摘　要		金额	备注
A4 打印纸				200.00	
计算器				250.00	
	合　计			￥450.00	
金额大写：零拾零万零仟肆佰伍拾零元零角零分			原借款：　元	应退（补）款：￥450.00 元	

总经理：严爱英　　财务经理：张霞　　部门经理：王怡　　会计：陈晓丹　　出纳：李丽　　报销人：王琳

凭 4-81

北京增值税专用发票　　　　　　　　No30961856

开票日期：2016 年 12 月 03 日

购货单位	名　称：高科通信设备有限公司	密码区	（略）
	纳税人识别号：911101080988898886		
	地址、电话：北京市海淀区西苑操场 78 号　01066054066		
	开户行及账号：交通银行北京分行　430016614000500012761		

货物或应税劳务名称	规格型号	单位	数量	单价	金额	税率	税额
A4 打印纸		包	10.00	17.094	170.94	17%	29.06
计算器		台	10.00	21.368	213.68	17%	36.32
合　计					￥384.62		￥65.38

价税合计（大写）	⊗ 肆佰伍拾元整		￥450.00

销货单位	名　称：智识百货有限公司	备注	
	纳税人识别号：911101017802278325		
	地址、电话：北京市东城区诚庄百里 25 号　01081239795		
	开户行及账号：交通银行北京分行　110006700067108091001		

收款人：　　　　复核：　　　　开票人：张翔　　　　销售方（章）：

第三联　发票联　购买方记账凭证

付 款 凭 证

贷方科目：　　　　　　　　　　　年　月　日　　　　　　　　　　　　凭证编号：

摘　要	借方科目		金　额									记账符号
	总账科目	明细科目	千	百	十	万	千	百	十	元	角	分	
附件：　　张		合　计											

会计主管：　　　记账：　　　复核：　　　出纳：　　　制单：

(9) 支付广告费

2016 年 10 月 8 日，北京南方股份有限公司（一般纳税人）以银行存款支付施林广告社广告费。请根据原始凭证编制付款凭证。银行进账单、转账支票存根、增值税专用发票如凭 4-82、凭 4-83、凭 4-84 所示。

凭 4-82

交通银行进账单（回单） 1

2016 年 10 月 08 日

出票人	全 称	北京南方股份有限公司	收款人	全 称	施林广告社	此联是开户银行交给持票人的回单
	账 号	110007609048708091012		账 号	46001003536050002213	
	开户银行	交通银行北京分行		开户银行	中国建设银行北京分行	
金额	人民币贰万零玖佰捌拾捌元整（大写）		亿 千 百 十 万 千 百 十 元 角 分 　　　　　¥ 2 0 9 8 8 0 0			
票据种类	转账支票	票据张数	1	交通银行北京分行 2016.10.08 转讫		
票据号码	23093262					
复核		记账			开户银行签章	

凭 4-83

凭 4-84

北京增值税专用发票

No60972926

开票日期：2016年10月08日

购货单位	名　　　称：北京南方股份有限公司 纳税人识别号：911101010456150752 地　址、电　话：北京市东城区和平里东街22号　01088227854 开户行及账号：交通银行北京分行 110007609048708091012	密码区	（略）

货物或应税劳务名称	规格型号	单位	数量	单价	金额	税率	税额
广告费					19 800.00	6%	1 188.00
合　计					￥19 800.00		￥1 188.00

价税合计（大写）	⊗ 贰万零玖佰捌拾捌元整	￥20 988.00

销货单位	名　　　称：施林广告社 纳税人识别号：911101084250263716 地　址、电　话：北京市海淀区体育东路778号　01080545247 开户行及账号：中国建设银行北京分行 46001003536050002213	备注	

收款人：　　　　　　　　复核：　　　　　　　　开票人：陈艳　　　　　　　　销售方（章）：

第三联 发票联 购买方记账凭证

付 款 凭 证

贷方科目：　　　　　　　　　　　　　年　月　日　　　　　　　　　　　凭证编号：

摘　要	借方科目		金　　额									记账符号
	总账科目	明细科目	千	百	十	万	千	百	十	元	角	分	
附件：　张	合　计											

会计主管：　　　　　　　记账：　　　　　　　复核：　　　　　　　出纳：　　　　　　　制单：

（10）购入原料

2016年10月9日，北京南方股份有限公司向北京大丰有限责任公司采购一批材料，请根据原始凭证编制付款凭证。入库单、增值税专用发票、银行进账单、转账支票存根如凭4-85、凭4-86、凭4-87、凭4-88所示。

凭 4-85

入 库 单

2016 年 10 月 09 日　　　　　　　　　　　　　　　　　　单号：10652785

交来单位及部门	北京大丰有限责任公司		发票号码或生产单号码		60972922		验收仓库	第一仓库	入库日期	2016 10.09	
编号	名称及规格	单位	数量		实际价格		计划价格		价格差异		会
			交库	实收	单价	金额	数量	金额			计
01	铝箔	千克	600	600							联
	合 计										

部门经理：　　　　　会计：　　　　　　仓库：李亭　　　　　　经办人：王昱

凭 4-86

北京增值税专用发票　　　No60972922

开票日期：2016 年 10 月 09 日

购货单位	名　　　称：北京南方股份有限公司 纳税人识别号：911101010456150752 地　址、电　话：北京市东城区和平里东街 22 号　01088227854 开户行及账号：交通银行北京分行　110007609048708091012				密码区	（略）			第三联
货物或应税劳务名称	规格型号	单位	数量	单价	金额	税率	税额		发票联
铝箔		千克	600.00	14.00	8 400.00	17%	1 428.00		
合　计					¥8 400.00		¥1 428.00		购买方记账凭证
价税合计（大写）	⊗ 玖仟捌佰贰拾捌元整					¥9 828.00			
销货单位	名　　　称：北京大丰有限责任公司 纳税人识别号：911101088022121752 地　址、电　话：北京市禾山路 298 号　01077224768 开户行及账号：中国银行北京支行　102695139885254118				备注				

收款人：　　　　　复核：　　　　　　开票人：宋胡慧　　　　　　销售方（章）：

凭 4-87

交通银行进账单（回单）1

2016 年 10 月 09 日

出票人	全　称	北京南方股份有限公司		收款人	全　称	北京大丰有限责任公司									
	账　号	110007609048708091012			账　号	102695139885254118									
	开户银行	交通银行北京分行			开户银行	中国银行北京支行									
金额	人民币玖仟捌佰贰拾捌元整 （大写）					亿	千	百	十	万	千	百	十	元	角	分
										¥	9	8	2	8	0	0
票据种类	转账支票	票据张数	1												
票据号码	23093263														
复核：　　　　　记账									开户银行签章						

凭 4-88

```
交通银行
转账支票存根
No30101122
23093263

附加信息

出票日期  2016 年 10 月 09 日
收款人：北京大丰有限责任公司

金额：¥9 828.00
用途：货款

单位主管            会计
```

付款凭证

贷方科目：　　　　　　　　　年　月　日　　　　　　　　　凭证编号：

摘　要	借方科目		金　额									记账符号
	总账科目	明细科目	千	百	十	万	千	百	十	元	角	分	
附件：　　张	合　计												

会计主管：　　　　记账：　　　　复核：　　　　出纳：　　　　制单：

（11）预付货款

2016 年 10 月 10 日，北京南方股份有限公司以银行存款预付联鑫公司货款，请根据原始凭证编制付款凭证。银行进账单、转账支票存根如凭 4-89、凭 4-90 所示。

凭 4-89

交通银行进账单（回单） 1
2016年10月10日

出票人	全 称	北京南方股份有限公司	收款人	全 称	联鑫公司	此联是开户银行交给持票人的回单
	账 号	110007609048708091012		账 号	130060907809100176	
	开户银行	交通银行北京分行		开户银行	中国银行北京分行	
金额	人民币叁仟捌佰元整（大写）			亿 千 百 十 万 千 百 十 元 角 分 ¥ 3 8 0 0 0 0		
票据种类	转账支票	票据张数	1	2016.10.10 转讫		
票据号码		23093264				
	复核		记账	开户银行签章		

凭 4-90

付 款 凭 证

贷方科目：　　　　　　　　　　　　　年　月　日　　　　　　　　　　　　凭证编号：

摘　要	借方科目		金　额									记账符号
	总账科目	明细科目	千	百	十	万	千	百	十	元	角	分	
附件：　　　张	合　计												

会计主管：　　　　　　　记账：　　　　　　　复核：　　　　　　　出纳：　　　　　　　制单：

（12）购入材料

2016 年 8 月 14 日，鑫辉贸易有限公司购入一批原材料。请根据原始凭证编制付款凭证。转账支票存根、进账单、增值税普通发票、入库单如凭 4-91、凭 4-92、凭 4-93、凭 4-94 所示。

凭 4-91

交通银行
转账支票存根
No30101122
23909821
附加信息

出票日期　2016 年 08 月 14 日
收款人：北京化工有限公司

金额：¥1 755.00
用途：购入材料

单位主管　　　　会计

凭 4-92

交通银行进账单（回单）1

2016 年 08 月 14 日

出票人	全称	鑫辉贸易有限公司		收款人	全称	北京化工有限公司
	账号	07890987657899875123 5			账号	020000100901213644121
	开户银行	交通银行北京分行			开户银行	交通银行北京分行

金额	人民币壹仟柒佰伍拾伍元整（大写）	亿	千	百	十	万	千	百	十	元	角	分
						¥	1	7	5	5	0	0

| 票据种类 | 转账支票 | 票据张数 | 1 |
| 票据号码 | | 23909821 | |

交通银行北京分行
2016.08.14
转讫

开户银行签章

复核　　　记账

凭 4–93

北京增值税普通发票　　No30961856

开票日期：2016 年 08 月 14 日

购货单位	名　　　　称：鑫辉贸易有限公司 纳税人识别号：911102349874563893 地　址、电　话：北京市中山南路 18 号　01083546668 开户行及账号：交通银行北京分行 078909876578998751235	密码区	（略）

货物或应税劳务名称	规格型号	单位	数量	单价	金额	税率	税额
水泥		吨	5.00	300.00	1 500.00	17%	255.00
合　　计					￥1 500.00		￥255.00

价税合计（大写）	⊗ 壹仟柒佰伍拾伍元整	￥1 755.00

销货单位	名　　　　称：北京化工有限公司 纳税人识别号：911101085905444591 地　址、电　话：北京市海淀区西苑三里 08 号　01083847491 开户行及账号：交通银行北京分行　020000100901213644121	备注	

收款人：　　　　　　　复核：　　　　　　　开票人：张哲　　　　　　　销售方（章）：

凭 4–94

入　库　单

2016 年 08 月 14 日　　　　　　　　　　　　　　　　　　　单号：3456754

交来单位及部门	北京化工有限公司	发票号码或生产单号码	30961856	验收仓库	第一仓库	入库日期	2016 08.14

编号	名称及规格	单位	数量		实际价格		计划价格		价格差异
			交库	实收	单价	金额	数量	金额	
01	水泥	吨	5	5					
	合　　计								

部门经理：　　　　　　会计：　　　　　　仓库：郑镭　　　　　　经办人：王刚

付　款　凭　证

贷方科目：　　　　　　　　　　　　　年　　月　　日　　　　　　　　　　凭证编号：

摘　要	借方科目		金　　　额										记账符号
	总账科目	明细科目	千	百	十	万	千	百	十	元	角	分	
附件：　　张	合　　计												

会计主管：　　　　　　记账：　　　　　　复核：　　　　　　出纳：　　　　　　制单：

(13) 购买发票

2016 年 9 月 20 日，北京化工有限公司购买增值税专用发票，银行代扣。请根据原始凭证编制付款凭证。国家税务局系统行政性收费专用收据如凭 4-95 所示。

凭 4-95

国家税务局系统
行政性收费专用收据

国财 03401　　　　　　　　　　　　　　　　　　　　　　　　No: 1087654367

填发日期：2016 年 09 月 20 日　　　　　　　征收机关：北京市海淀区国家税务局税源管理一科

纳税人识别号	911101085905444591	交款单位（人）		北京化工有限公司
项目		单价	数量	金额
专用发票收费		0.55	50	¥27.50
金额合计（大写）人民币贰拾柒元伍角整				
税务机关 北京市海淀区国家税务局 （盖章） 行政性收费专用章		填票人 陈顺娇 （章）		备注 657820000000780987 专用发票销售工本费 1087654367

付 款 凭 证

贷方科目：　　　　　　　　　　　年　月　日　　　　　　　　　凭证编号：

摘　要	借方科目		金　额									记账符号
	总账科目	明细科目	千	百	十	万	千	百	十	元	角	分	
附件：　张	合　计												

会计主管：　　　记账：　　　复核：　　　出纳：　　　制单：

(14) 缴纳社保费

2016 年 9 月 17 日，北京明朗经贸发展有限公司缴纳公司职工社保费。请根据原始凭证编制付款凭证（代扣个人社保记入其他应付款科目）。电子缴税回单如凭 4-96 所示，8 月份工资表如凭 4-97 所示。

凭 4-96

北京市电子缴税回单

隶属关系——区　　　　　　　　　　　　　　　　　　　　　电子缴税号 W7897654
注册类型：其他有限责任公司　　　填发日期：2016 年 09 月 17 日　　征收机关——北京市海淀区局

缴税单位	代 码	911101088022150463			收款国库	海淀金库
	全 称	北京明朗经贸发展有限公司			国库账号	15802 W7897654
	账 号	144175010400041073421			预算级次	（区）县级
	开户银行	交通银行北京分行			国库开户银行	海淀金库
税款所属期	2016 年 09 月 01 日至 2016 年 09 月 30 日			税款收缴日期		20160930
预算科目	税种税目		计税金额、销售收入或课税数量	税率或单位税额	已缴或扣除额	实缴税额
1020101	社保费——养老					2 492.00
1020201	社保费——失业					178.00
1020301	社保费——医疗					1 083.00
1020401	社保费——生育					71.20
1020501	社保费——工伤					89.00
金额合计	人民币叁仟玖佰壹拾叁元贰角整					¥3 913.20
申报方式	征收方式	打印次数	上列款项已核记入收款单位账户。扣款日期——2016 年 09 月 17 日 银行盖章		备注	
网络申报	税务机关自征					

凭 4-97

8 月份工资表

序号	姓名	应发工资	代扣款项				实发工资	公司承担					
			养老保险	医疗保险	失业保险	合计		医疗保险	养老保险	失业保险	工伤保险	生育保险	合计
1	张兰	1 600.00	128.00	35.00	8.00	171.00	1 429.00	320.00	160.00	24.00	16.00	12.80	532.80
2	李莉	1 900.00	152.00	41.00	9.50	202.50	1 697.50	380.00	190.00	28.50	19.00	15.20	632.70
3	赵儒	1 850.00	148.00	40.00	9.25	197.25	1 652.75	370.00	185.00	27.75	18.50	14.80	616.05
4	傅平	1 750.00	140.00	38.00	8.75	186.75	1 563.25	350.00	175.00	26.25	17.50	14.00	582.75
5	黄萍	1 800.00	144.00	39.00	9.00	192.00	1 608.00	360.00	180.00	27.00	18.00	14.40	599.40
合计		8 900.00	712.00	193.00	44.50	949.50	7 950.50	1 780.00	890.00	133.50	89.00	71.20	2 963.70

付 款 凭 证

贷方科目：　　　　　　　　　　　　　年　月　日　　　　　　　　　　　凭证编号：

摘　要	借方科目		金　额									记账符号
	总账科目	明细科目	千	百	十	万	千	百	十	元	角	分	

附件：　　　张　　　　　　　　　合　计

会计主管：　　　　　　记账：　　　　　　复核：　　　　　　出纳：　　　　　　制单：

3）填制转账凭证

（1）购进材料 1

2016 年 7 月 15 日，北京化工有限公司按实际成本计价法采购一批材料，已入库，款项尚未支付，请根据原始凭证编制凭证。增值税专用发票、入库单如凭 4-98、凭 4-99 所示。

凭 4-98

福建增值税专用发票　　　　　　　　　　　　　　No60972918

国家税务总局监制　　　　　　　　　　　　　　开票日期：2016 年 07 月 15 日

购货单位	名　称：北京化工有限公司 纳税人识别号：91110108590544491 地址、电话：北京市海淀区西苑三里 08 号 01083847491 开户行及账号：交通银行北京分行 020000100901213644121	密码区	（略）

货物或应税劳务名称	规格型号	单位	数量	单价	金额	税率	税额
丙酮		千克	500.00	200.00	100 000.00	17%	17 000.00
合　计					¥100 000.00		¥17 000.00

价税合计（大写）	⊗ 壹拾壹万柒仟元整		¥117 000.00

销货单位	名　称：福州市化工厂 纳税人识别号：913501005852398822 地址、电话：福州市黄山路 69 号 059125487412 开户行及账号：中国工商银行福州支行 1560665334567856432	备注	（发票专用章）

收款人：　　　　　复核：　　　　　开票人：王丽　　　　　销售方（章）：

凭 4-99

入　库　单

2016 年 07 月 15 日　　　　　　　　　　　　单号：41985425

交来单位及部门	福州市化工厂	发票号码或生产单号码	60972918	验收仓库	一号仓库	入库日期	2016 07.15

编号	名称及规格	单位	数量		实际价格		计划价格		价格差异
			交库	实收	单价	金额	数量	金额	
01	丙酮	千克	500	500					
合　计									

部门经理：　　　　　会计：　　　　　仓库：林凡　　　　　经办人：董亭

转 账 凭 证

年　月　日　　　　　　　　　　　　　　　　　　　　　　　凭证编号：

摘要	总账科目	明细科目	借方金额									贷方金额									记账符号
			千	百	十	万	千	百	十	元	角	分	千	百	十	万	千	百	十	元	角	分	
附件：　　张	合计																							

会计主管：　　　　　记账：　　　　　复核：　　　　　出纳：　　　　　制单：

（2）购进材料2

2016年10月20日，北京南方股份有限公司向北京正大公司购进一批材料，材料尚未收到，货款未支付，该公司采用实际成本法核算，请根据原始凭证编制凭证。增值税专用发票如凭4-100所示。

凭4-100

转 账 凭 证

年 月 日　　　　　　　　　　　　　　　　　　　凭证编号：

摘要	总账科目	明细科目	借方金额 千 百 十 万 千 百 十 元 角 分	贷方金额 千 百 十 万 千 百 十 元 角 分	记账符号
附件： 张	合 计				

会计主管：　　　　　记账：　　　　　复核：　　　　　出纳：　　　　　制单：

（3）购进材料3

2016年10月5日，北京南方股份有限公司购进一批材料，货款尚未支付，请根据原始凭证编制凭证。入库单、增值税专用发票如凭4-101、凭4-102所示。

凭4-101

入 库 单

2016年10月05日　　　　　　　　　　　　　　　　单号：01584657

交来单位及部门	北京明发商贸有限公司		发票号码或生产单号码	60972920		验收仓库	第一仓库		入库日期	2016 10.05	
编号	名称及规格	单位	数量		实际价格		计划价格		价格差异	会计联
			交库	实收	单价	金额	数量	金额		
01	钼丝	公斤	500	500						
02	铅管	公斤	1 000	1 000						
03	铝箔	公斤	2 000	2 000						
	合 计									

部门经理：　　　　　会计：　　　　　仓库：李亭　　　　　经办人：王昱

凭 4-102

北京增值税专用发票　　No60972920

开票日期：2016年10月05日

| 购货单位 | 名　称：北京南方股份有限公司
纳税人识别号：91110101045615 0752
地　址、电话：北京市东城区和平里东街22号 01088227854
开户行及账号：交通银行北京分行 110007609048708091012 | 密码区 | （略） |

货物或应税劳务名称	规格型号	单位	数量	单价	金额	税率	税额
钼丝		公斤	500	8.00	4 000.00	17%	680.00
铅管		公斤	1 000	6.00	6 000.00	17%	1 020.00
铝箔		公斤	2 000	10.00	20 000.00	17%	3 400.00
合　计					¥30 000.00		¥5 100.00

| 价税合计（大写） | ⊗ 叁万伍仟壹佰元整　　　　　¥35 100.00 |

| 销货单位 | 名　称：北京明发商贸有限公司
纳税人识别号：911101054221556712
地　址、电话：北京市朝阳区劲松中街北里16号 01088236856
开户行及账号：交通银行北京分行 020000001009144571012 | 备注 | |

收款人：　　　　　复核：　　　　　开票人：梁同华　　　　　销售方（章）：

第三联 发票联 购买方记账凭证

转 账 凭 证

年　月　日　　　　　　　　　　　　　　　　　凭证编号：

摘　要	总账科目	明细科目	借方金额										贷方金额										记账符号
			千	百	十	万	千	百	十	元	角	分	千	百	十	万	千	百	十	元	角	分	
附件：　张	合　计																							

会计主管：　　　　记账：　　　　复核：　　　　出纳：　　　　制单：

（4）领用材料1

2016年10月15日北京南方股份有限公司生产部门领用材料，请根据原始凭证编制凭证。领料单、发出材料计算表如凭4-103、凭4-104、凭4-105、凭4-106所示。

凭 4-103

领 料 单

领料部门：第一车间
用　　途：生产钼铁合金　　　2016 年 10 月 15 日　　　02　第 25 号

材料			单位	数量		单价	成本							
编号	名称	规格		请领	实发		总价							
							百	十	万	千	百	十	元	角	分
01	钼丝		公斤	600	600										
合计															

部门经理：陈嘉　　　会计：王海　　　仓库：王二　　　经办人：王静

凭 4-104

领 料 单

领料部门：第一车间
用　　途：生产金属陶瓷片　　　2016 年 10 月 15 日　　　02　第 26 号

材料			单位	数量		单价	成本							
编号	名称	规格		请领	实发		总价							
							百	十	万	千	百	十	元	角	分
02	铝管		公斤	200	200										
合计															

部门经理：陈嘉　　　会计：王海　　　仓库：王二　　　经办人：王静

凭 4-105

领 料 单

领料部门：第一车间
用　　途：生产金属陶瓷片　　　2016 年 10 月 15 日　　　02　第 27 号

材料			单位	数量		单价	成本							
编号	名称	规格		请领	实发		总价							
							百	十	万	千	百	十	元	角	分
03	铝箔		公斤	1 000	1 000										
合计															

部门经理：陈嘉　　　会计：王海　　　仓库：王二　　　经办人：王静

凭 4-106

发出材料计算表

材料品名	计量单位	期初结存数量	本期购入数量	期初结存金额	本期购入金额	单位成本	生产耗用			
							钼铁合金		金属陶瓷片	
							数量	金额	数量	金额
钼丝	公斤	200	1 000	1 600.00	8 000.00	8.00	600	4 800.00		
铅管	公斤	100	600	600.00	3 600.00	6.00			200	1 200.00
铝箔	公斤	150	1 400	1 500.00	14 000.00	10.00			1 000	10 000.00
合计								4 800.00		11 200.00

审核：林玲　　　　　　　　　　　　　　　　　　　　　　　　　　　　　　　　　　制表：王海

转 账 凭 证

年　月　日　　　　　　　　　　　　　　　　　　　　　　　　　　　　　　凭证编号：

摘　要	总账科目	明细科目	借方金额										贷方金额										记账符号
			千	百	十	万	千	百	十	元	角	分	千	百	十	万	千	百	十	元	角	分	
附件：　张		合　计																						

会计主管：　　　　　记账：　　　　　复核：　　　　　出纳：　　　　　制单：

(5) 领用材料 2

2016 年 7 月 9 日，北京化工有限公司生产车间领用材料清洗设备，请根据原始凭证编制凭证。领料单、发出材料计算表如凭 4-107、凭 4-108 所示。

凭 4-107

领 料 单

领料部门：生产部门
用　　途：清洗设备　　　　　　　2016 年 07 月 09 日　　　　　　　　03　第 12 号

材料			单位	数量		单价	成本									会计联
编号	名称	规格		请领	实发		总价									
							百	十	万	千	百	十	元	角	分	
006	汽油	80#	升	20	20											
合计																

部门经理：张哲　　　　　会计：崔亮　　　　　仓库：李玲　　　　　经办人：李明贵

凭 4-108

发出材料计算表

材料品名	计量单位	期初结存数量	本期购入数量	期初结存金额	本期购入金额	单位成本	生产耗用	
							数量	金额
汽油	升	30	50	57.00	95.00	1.90	20	38.00

审核：郑镭　　　　　　　　　　　　　　　　　　　　　　　　　　　　制表：崔亮

转 账 凭 证

年　月　日　　　　　　　　　　　　　　　　　　凭证编号：

摘要	总账科目	明细科目	借方金额										贷方金额										记账符号
			千	百	十	万	千	百	十	元	角	分	千	百	十	万	千	百	十	元	角	分	
附件：　张	合　计																						

会计主管：　　　　　记账：　　　　　复核：　　　　　出纳：　　　　　制单：

（6）计提消费税

2016 年 9 月 30 日，黎明实业有限公司生产销售一批高档化妆品，请根据原始凭证编制凭证。消费税计算表、增值税专用发票复印件如凭 4-109、凭 4-110 所示。

凭 4-109

高档化妆品消费税计算表

2016 年 09 月 30 日

应税高档化妆品单价	500.00
数量	3 000
消费税税率	30%
应交消费税	450 000.00

审核：梁明明　　　　　　　　　　　　　　　　　　　　　　　　　制单：李冰

凭 4-110

北京增值税专用发票　　　　No30961856
开票日期：2016 年 09 月 30 日

购货单位	名　　　称：北京明发商贸有限公司 纳税人识别号：911101054221556712 地 址、电 话：北京市朝阳区劲松中街北里 16 号　01088238856 开户行及账号：交通银行北京分行 02000001009144571012	密码区	（略）

货物或应税劳务名称	规格型号	单位	数量	单价	金额	税率	税额
美雅化妆品		盒	3 000	500.00	1 500 000.00	17%	255 000.00
合　计					￥1 500 000.00		￥255 000.00

价税合计（大写）	⊗ 壹佰柒拾伍万伍仟元整	￥1 755 000.00

销货单位	名　　　称：黎明实业有限公司 纳税人识别号：911101018876123572 地 址、电 话：北京市东城区沿江西路大厦　01060253804 开户行及账号：交通银行北京分行 009149080910016549878	备注	

收款人：　　　　　复核：　　　　　开票人：董华　　　　　销售方（章）：

转 账 凭 证
年　月　日　　　　　　　　　　　　　　　　　　凭证编号：

摘要	总账科目	明细科目	借方金额										贷方金额										记账符号
			千	百	十	万	千	百	十	元	角	分	千	百	十	万	千	百	十	元	角	分	
附件：　张	合　计																							

会计主管：　　　　记账：　　　　复核：　　　　出纳：　　　　制单：

（7）销售软件

2016 年 12 月 6 日，高科通信设备有限公司销售一套财会软件，款项未收，请根据原始凭证编制凭证。增值税专用发票如凭 4-111 所示。

凭 4-111

北京增值税专用发票　　No60972921

开票日期：2016年12月06日

购货单位	名　　　称：北京职业教育有限公司 纳税人识别号：911101084111441186 地址、电话：北京市海淀大道98号　01036588547 开户行及账号：交通银行北京分行　6432789300588741111111	密码区	（略）

货物或应税劳务名称	规格型号	单位	数量	单价	金额	税率	税额
教学平台		套	1	40 000.00	40 000.00	17%	6 800.00
合　计					¥40 000.00		¥6 800.00

价税合计（大写）	⊗ 肆万陆仟捌佰元整	¥46 800.00

销货单位	名　　　称：高科通信设备有限公司 纳税人识别号：911101080988898886 地址、电话：北京市海淀区西苑操场78号　01066054066 开户行及账号：交通银行北京分行　430016614000500012761	备注	（发票专用章）

收款人：　　　　　复核：　　　　　开票人：李奎　　　　　销售方（章）：

转 账 凭 证

年　月　日　　　　　　　　　　　　　　　　　　凭证编号：

摘要	总账科目	明细科目	借方金额										贷方金额										记账符号
			千	百	十	万	千	百	十	元	角	分	千	百	十	万	千	百	十	元	角	分	
附件：　张	合　计																						

会计主管：　　　　记账：　　　　复核：　　　　出纳：　　　　制单：

（8）支付差旅费

2016年12月20日，高科通信设备有限公司办理差旅费报销，请根据原始凭证编制凭证。差旅费报销单、出租车票、火车票、增值税普通发票如凭4-112、凭4-113、凭4-114、凭4-115、凭4-116、凭4-117所示。

凭 4-112

差旅费报销单

2016 年 12 月 20 日

所属部门		销售部门		姓名	张刚	出差天数	自 12 月 12 日至 12 月 17 日共 6 天	
出差事由			销售商品		借支费用	日期	2016 年 12 月 11 日	金额¥820.00
						结算金额：¥820.00		
出发		到达		起止地点	交通费	住宿费	伙食费	其他
月	日	月	日					
12	12	12	14	北京—福州	240.00			
12	14	12	15	福州—福州	100.00	240.00		
12	15	12	17	福州—北京	240.00			
合		计		零拾零万零仟捌佰贰拾零元零角零分		¥820.00		

总经理：兰明青　财务经理：李大同　部门经理：张利　会计：王琳　出纳：高翔　报销人：张刚

凭 4-113　　　　　　　　　　　　　凭 4-114

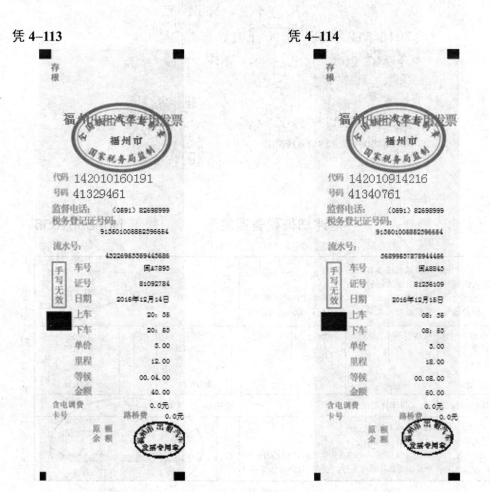

凭4-115

凭4-116

凭4-117

福建增值税普通发票　　　　No30961856

开票日期：2016年12月15日

购货单位	名　　　称：高科通信设备有限公司 纳税人识别号：91110108098889886 地　址、电　话：北京市海淀区西苑操场78号 01066054066 开户行及账号：交通银行北京分行 430016614000500012761	密码区	（略）
货物或应税劳务名称	规格型号	单位	数量	单价	金额	税率	税额
住宿费					226.42	6%	13.58
合　　计					¥226.42		¥13.58
价税合计（大写）	⊗ 贰佰肆拾元整				¥240.00		
销货单位	名　　　称：福州园林大酒店 纳税人识别号：913501015634890254 地　址、电　话：福建省福州市六一路55号 059163320019 开户行及账号：中国工商银行福州支行 1560665345678556834	备注	（发票专用章：福州园林大酒店 913501015634890254）

收款人：　　　　复核：　　　　开票人：宋红　　　　销售方（章）

转 账 凭 证

年　月　日　　　　　　　　　　　　　　　　　　　　　　凭证编号：

摘要	总账科目	明细科目	借方金额										贷方金额										记账符号
			千	百	十	万	千	百	十	元	角	分	千	百	十	万	千	百	十	元	角	分	
附件：　　张	合　　计																						

会计主管：　　　　　记账：　　　　　复核：　　　　　出纳：　　　　　制单：

（9）计提折旧

2016 年 10 月 31 日，正通商贸有限公司编制当月折旧汇总表，请根据原始凭证编制折旧计提的凭证（提示：该公司折旧计提方法采用直线法，累计折旧科目不分明细）。折旧费计提表如凭 4-118 所示。参考资料：固定资产卡片 1、固定资产卡片 2 如凭 4-119、凭 4-120 所示。

凭 4-118

固定资产折旧费计提表

单位：元

使用部门	固定资产类别					金额
	建筑物	办公设备	机器设备	其他设备	运输设备	
管理部门	4 750.00	2 375.00				7 125.00
合　　计	4 750.00	2 375.00				¥7 125.00

审核：陈涵　　　　　　　　　　　　　　　　　　　　　　　　　制单：林梅梅

凭 4-119

固定资产卡片 1

使用单位：正通商贸有限公司　　　　　　　　　　　　填表日期：2016 年 02 月 22 日

类别	建筑物	出厂或交接验收日期	2016 年 02 月 22 日	预计使用年限	20 年
编号	10 000	购入或使用日期	2016 年 02 月 22 日	预计残值	60 000.00 元
名称	办公楼	放置或使用地址	管理部门	预计清理费用	
型号规格	100 平方米	负责人	赵雅莹	月折旧率	0.396%
建造单位		总造价	1 200 000.00	月大修理费用提存率	
设备主要技术参数或建筑物占地面积、建筑面积及结构		设备主要配件名称、数量或建筑物附设设备		大修理记录	固定资产改变记录
				时间　　　项目	

凭 4-120

固定资产卡片 2

使用单位：正通商贸有限公司　　　　　　　　　　　　　　填表日期：2016 年 03 月 12 日

类别	办公设备	出厂或交接验收日期	2016 年 03 月 12 日	预计使用年限	3 年
编号	00231	购入或使用日期	2016 年 03 月 12 日	预计残值	4 500.00
名称	计算机	放置或使用地址	管理部门	预计清理费用	
型号规格	ABC*20	负责人	赵雅莹	月折旧率	2.639%
建造单位		总造价	90 000.00	月大修理费用提存率	
设备主要技术参数或建筑物占地面积、建筑面积及结构		设备主要配件名称、数量或建筑物附设设备	大修理记录		固定资产改变记录
			时间	项目	

转 账 凭 证

年　月　日　　　　　　　　　　　　　　　　　　　　　　凭证编号：

摘要	总账科目	明细科目	借方金额									贷方金额									记账符号
			千	百	十	万	千	百	十	元	角	分	千	百	十	万	千	百	十	元	角	分	
附件：　张	合　计																					

会计主管：　　　　　　记账：　　　　　　复核：　　　　　　出纳：　　　　　　制单：

（10）计提工资

2016 年 12 月 31 日，高科通信设备有限公司（适用企业会计准则）计提分配本月工资，请根据原始凭证编制凭证（应付职工薪酬下设短期薪酬、离职后福利、辞退福利、其他长期福利明细科目，三级明细科目可自行设置）。工资计提表如凭 4-121 所示。

凭 4-121

2016 年 12 月工资计提表

部门名称	人员类别	人数	工资
生产部门	生产工人	4	20 000.00
管理部门	企业管理人员	2	6 000.00
销售部门	营销人员	5	30 000.00
合　计		11	¥56 000.00

转 账 凭 证

年　　月　　日　　　　　　　　　　　　　　　　　　　　凭证编号：

摘要	总账科目	明细科目	借方金额										贷方金额										记账符号
			千	百	十	万	千	百	十	元	角	分	千	百	十	万	千	百	十	元	角	分	
附件：　　张	合　计																						

会计主管：　　　　　　记账：　　　　　　复核：　　　　　　出纳：　　　　　　制单：

（11）计提企业负担的社保和住房公积金

2016年12月31日，恒通商贸有限公司（适用企业会计准则）计提企业负担的社保和住房公积金，请根据原始凭证编制凭证（恒通商贸有限公司在生产成本、制造费用、管理费用、销售费用下设"五险一金"二级明细科目，应付职工薪酬下设短期薪酬、离职后福利、辞退福利、其他长期福利明细科目，三级明细科目可自行设置）。五险一金计算表如凭4–122所示。

凭4–122

五险一金计算表（企业负担部分）

2016年12月31日　　　　　　　　　　　　　　　　　　　　单位：元

部　门		短期薪酬				离职后福利		合计
		医疗保险	工伤保险	生育保险	住房公积金	养老保险	失业保险	
生产车间	生产工人	10 080.00	1 260.00	1 008.00	12 600.00	17 640.00	2 520.00	45 108.00
	管理人员	1 320.00	165.00	132.00	1 650.00	2 310.00	330.00	5 907.00
管理部门		4 800.00	600.00	480.00	6 000.00	8 400.00	1 200.00	21 480.00
销售部门		1 064.00	133.00	106.40	1 330.00	1 862.00	266.00	4 761.40
合　计		17 264.00	2 158.00	1 726.40	21 580.00	30 212.00	4 316.00	77 256.40

审核：李璐　　　　　　　　　　　　　　　　　　　　　　　　制单：张琼

转 账 凭 证

年　月　日　　　　　　　　　　　　　　　　　　　　　　凭证编号：

摘要	总账科目	明细科目	借方金额										贷方金额										记账符号
			千	百	十	万	千	百	十	元	角	分	千	百	十	万	千	百	十	元	角	分	
附件：　　张	合　　计																						

会计主管：　　　　　　记账：　　　　　　复核：　　　　　　出纳：　　　　　　制单：

4）填制通用记账凭证

（1）借入借款

2016 年 5 月 1 日，新华经贸发展有限公司（商品零售企业）向交通银行北京分行借入短期借款，请根据原始凭证编制凭证。借款借据、借款合同如凭 4-123、凭 4-124 所示。

凭 4-123

借款借据（收账通知）

借款日期　　　　　　　　　2016 年 05 月 01 日　　　　　　借据编号 201837

收款单位	全　称	新华经贸发展有限公司	付款单位	全　称	交通银行北京分行								
	账　号	110006765465544111111		账　号	110006766652111255100								
	开户银行	交通银行北京分行		开户银行	交通银行北京分行								
借款金额		人民币（大写）伍拾万元整			亿	千	百	十	万	千	百	十	元	角	分
								¥	5	0	0	0	0	0	0	0
借款原因及用途		生产经营周转	借款期限		2016 年 05 月 01 日至 2016 年 10 月 31 日								
你单位上列借款，已转入你单位结算账户内　　　　　　　此致　　（银行盖章）													

（交通银行北京分行转讫 2016.05.01）

凭 4-124

借 款 合 同

借款单位：（以下简称借款方）新华经贸发展有限公司
贷款单位：（以下简称贷款方）交通银行北京分行

　　借款方为生产周转需要，特向贷款方申请借款，经贷款方审核同意发放，为明确双方责任，恪守信用，特签订本合同，共同遵守。

第一，借款方向贷款方借款人民币（大写）伍拾万元整，期限六个月，从 2016 年 05 月 01 日至 2016 年 10 月 31 日，年利率为 6%，自支用贷款之日起，按月计算利息，按季结息，到期日归还本金。

第二，贷款方应如期向借款方发放贷款，否则按违约数额和延期天数付给借款方违约金，违约金数额的计算与逾期贷款罚息相同，即为 1%。

第三，贷款利率为年利率 6%。

第四，借款方应合同使用贷款，不得转移用途，否则，贷款方有权提前终止合同。

第五，借款方保证按借款合同所定期限归还贷款本息，如需延期，借款方应在贷款到期前三天，提出延期申请，经贷款方同意，办理延期手续，但延期最长不得超过原订合同期限的一半，贷款方未同意延期或未办延期手续的逾期贷款，加收罚息。

第六，借款方以房产（价值 500 万元）作为借款抵押，房产证件由贷款方保管（或公证机关保管），公证费由借款方负担。

第七，贷款到期，借款方未归还贷款，又未办理延期手续，贷款方有权依照法律程序处理借款方作为贷款抵押的物资和财产，返还借款本息。

第八，本合同正本 2 份，借贷方各执一份。

第九，本合同自签订之日起生效，贷款本息全部结清后失效。

借款单位：新华经贸发展有限公司（签章）　　　　贷款单位：交通银行北京分行（签章）
签约日期：2016 年 05 月 01 日　　　　　　　　　签约日期：2016 年 05 月 01 日

通用记账凭证

年　月　日　　　　　　　　　　　　　　　　　凭证编号：

摘要	总账科目	明细科目	借方金额									贷方金额									记账符号
			千	百	十	万	千	百	十	元	角	分	千	百	十	万	千	百	十	元	角	分	
附件：　张	合　计																						

会计主管：　　　　　记账：　　　　　复核：　　　　　出纳：　　　　　制单：

（2）支付广告费

2016 年 5 月 2 日，新华经贸发展有限公司用银行存款支付广告费。请根据原始凭证编制凭证。银行进账单、转账支票存根、增值税普通发票如凭 4-125、凭 4-126、凭 4-127 所示。

凭 4-125

交通银行进账单（回单） 1
2016 年 05 月 02 日

出票人	全 称	新华经贸发展有限公司	收款人	全 称	施林广告社	此联是开户银行交给持票人的回单
	账 号	11000676546554908761		账 号	46001003536050002213	
	开户银行	交通银行北京分行		开户银行	中国建设银行北京分行	
金额	人民币贰仟元整（大写）		亿 千 百 十 万 千 百 十 元 角 分 　　　　　　　　　 2 0 0 0 0 0			
票据种类	转账支票	票据张数	1	开户银行签章		
票据号码		23098823				
复核		记账				

凭 4-126

凭 4-127

北京增值税普通发票　　No60968349
开票日期：2016 年 05 月 02 日

购货单位	名　　称：新华经贸发展有限公司 纳税人识别号：911101011673421073 地址、电话：北京市海天路 87 号　01084487871 开户行及账号：交通银行北京分行 11000676546554908761	密码区	（略）
货物或应税劳务名称	规格型号　单位　数量　单价	金额	税率　　税额
广告费		1 886.79	6%　　113.21
合　计		¥1 886.79	¥113.21
价税合计（大写）	⊗ 贰仟元整	¥2 000.00	
销货单位	名　　称：施林广告社 纳税人识别号：911101084250263716 地址、电话：北京市海淀区体育东路 778 号　01080545247 开户行及账号：中国建设银行北京分行 46001003536050002213	备注	911101084250263716 发票专用章

收款人：　　　　复核：　　　　开票人：陈艳　　　　销售方（章）：

通用记账凭证

年　月　日　　　　　　　　　　　　　　　　凭证编号：

摘要	总账科目	明细科目	借方金额										贷方金额										记账符号
			千	百	十	万	千	百	十	元	角	分	千	百	十	万	千	百	十	元	角	分	
附件：　　张	合计																							

会计主管：　　　　　记账：　　　　　复核：　　　　　出纳：　　　　　制单：

（3）购进商品

2016年5月4日，新华经贸发展有限公司从智识百货有限公司购入商品（用于销售），支付部分款项，余款未付，请根据原始凭证编制凭证。转账支票存根、银行进账单、入库单、增值税专用发票如凭4-128、凭4-129、凭4-130、凭4-131所示。

凭4-128

交通银行
转账支票存根
No30101122
23097112

附加信息

出票日期　2016年05月04日
收款人：智识百货有限公司

金额：¥2 100.00
用途：货款

单位主管　　　　　会计

凭 4-129

凭 4-130

凭 4-131

通用记账凭证

年　月　日　　　　　　　　　　　　　　　　　　　　　　凭证编号：

摘要	总账科目	明细科目	借方金额									贷方金额									记账符号
			千	百	十	万	千	百	十	元	角	分	千	百	十	万	千	百	十	元	角	分	
附件：　张	合计																							

会计主管：　　　　记账：　　　　复核：　　　　出纳：　　　　制单：

（4）缴存现金

2016 年 5 月 6 日，新华经贸发展有限公司将营业收入存入银行，请根据原始凭证编制凭证。现金存款凭条如凭 4-132 所示。

凭 4-132

交通银行（北京分行）现金解款单（回单）

2016 年 05 月 06 日

收款单位	全称	新华经贸发展有限公司		款项来源	货款						
	账号	110006765465549087611		解款部门	销售部门						
人民币（大写）伍仟元整					百	十	千	百	十	元	角	分
							¥	5	0	0	0	0	0

券别	张数	金额	券别	张数	金额	
百元			二元			（收款银行盖章）
五十元			一元			
十元			角			
五元			分			
银行打印：						

交通银行北京分行
2016.05.06
转讫

通用记账凭证

年　月　日　　　　　　　　　　　　　　　　　　　　　　凭证编号：

摘要	总账科目	明细科目	借方金额									贷方金额									记账符号
			千	百	十	万	千	百	十	元	角	分	千	百	十	万	千	百	十	元	角	分	
附件：　张	合计																							

会计主管：　　　　记账：　　　　复核：　　　　出纳：　　　　制单：

（5）提取现金

2016年5月7日，新华经贸发展有限公司（商品零售企业）从银行存款账户提取现金，准备发放工资，请根据原始凭证编制凭证。现金支票存根如凭4-133所示。

凭4-133

通用记账凭证

年　月　日　　　　　　　　　　　　　　　　　凭证编号：

摘要	总账科目	明细科目	借方金额										贷方金额										记账符号
			千	百	十	万	千	百	十	元	角	分	千	百	十	万	千	百	十	元	角	分	
附件：　张		合计																						

会计主管：　　　　　　记账：　　　　　　复核：　　　　　　出纳：　　　　　　制单：

（6）发放工资

2016年5月7日，新华经贸发展有限公司（商品零售企业）发放职工工资，请根据原始凭证编制凭证。工资表如凭4-134所示。

凭 4-134

工 资 表

单位：元

序号	姓名	基本工资	浮动工资	应发工资	社保险（个人）	公积金（个人）	个人所得税	实发工资	签名
01	张筱雨	2 400.00	1 100.00	3 500.00	300.00	200.00	0.00	3 000.00	张筱雨
02	李雯雯	2 400.00	1 100.00	3 500.00	300.00	200.00	0.00	3 000.00	李雯雯
03	郭冬冬	2 880.00	1 100.00	3 980.00	300.00	200.00	0.00	3 480.00	郭冬冬
04	谢文婷	2 600.00	1 100.00	3 700.00	300.00	200.00	0.00	3 200.00	谢文婷
05	杨靖宇	2 600.00	1 100.00	3 700.00	300.00	200.00	0.00	3 200.00	杨靖宇
06	穆晓云	2 900.00	1 100.00	4 000.00	300.00	200.00	0.00	3 500.00	穆晓云
07	张芳艳	2 700.00	1 100.00	3 800.00	300.00	200.00	0.00	3 300.00	张芳艳
08	赵小芯	2 900.00	1 100.00	4 000.00	300.00	200.00	0.00	3 500.00	赵小芯
09	王林玉	2 800.00	1 100.00	3 900.00	300.00	200.00	0.00	3 400.00	王林玉
10	宁采花	2 880.00	1 100.00	3 980.00	300.00	200.00	0.00	3 480.00	宁采花
⋮	⋮	⋮	⋮	⋮	⋮	⋮	⋮	⋮	
21	张丙鑫	2 500.00	1 100.00	3 600.00	300.00	200.00	0.00	3 100.00	张丙鑫
合计		67 525.00	23 100.00	90 625.00	6 300.00	4 200.00	125.00	80 000.00	

通用记账凭证

年 月 日   凭证编号：

摘要	总账科目	明细科目	借方金额									贷方金额									记账符号
			千	百	十	万	千	百	十	元	角	分	千	百	十	万	千	百	十	元	角	分	
附件： 张		合计																				

会计主管：　　　　　记账：　　　　　复核：　　　　　出纳：　　　　　制单：

（7）购买办公桌

2016年5月9日，新华经贸发展有限公司（商品零售企业）购买办公桌，用银行存款支付，请根据原始凭证编制凭证（达到固定资产确认的标准）。增值税普通发票、转账支票存根、银行进账单、固定资产验收单如凭 4-135、凭 4-136、凭 4-137、凭 4-138 所示。

凭4-135

北京增值税普通发票 No60961965

开票日期：2016年05月09日

购货单位	名　　称：新华经贸发展有限公司 纳税人识别号：911101011673421073 地址、电话：北京市海天路87号 01084487871 开户行及账号：交通银行北京分行 110006765465549087611	密码区	（略）

货物或应税劳务名称	规格型号	单位	数量	单价	金额	税率	税额
办公桌		台	1.00	2 300.00	2 300.00	3%	69.00
合计					¥2 300.00		¥69.00
价税合计（大写）	⊗贰仟叁佰陆拾玖元整				¥2 369.00		

销货单位	名　　称：北京雅戈尔商贸有限公司 纳税人识别号：911101018966363554 地址、电话：北京市天坛路98号 01085103148 开户行及账号：中国银行北京分行 6789543588885441111	备注	（发票专用章）

收款人：　　　复核：　　　开票人：刘星　　　销售方（章）：

凭4-136

凭 4-137

交通银行进账单（回单）1

2016 年 05 月 09 日

出票人	全称	新华经贸发展有限公司	收款人	全称	北京雅戈尔商贸有限公司	此联是开户银行交给持票人的回单
	账号	110006765465549087611		账号	678954358885441111	
	开户银行	交通银行北京分行		开户银行	中国银行北京分行	
金额	人民币贰仟叁佰陆拾玖元整（大写）		亿 千 百 十 万 千 百 十 元 角 分 ¥ 2 3 6 9 0 0			
票据种类	转账支票	票据张数	1			
票据号码	23098823			开户银行签章 （交通银行北京分行 2016.05.09 转讫）		
复核		记账				

凭 4-138

固定资产验收单

2016 年 05 月 09 日　　　　　　　　　　　　　　　　　编号：12011

名称	规格型号	来源	数量	购（造价）	使用年限	预计残值
办公桌		外购	1	2 369.00	3	118.45
安装费	月折旧率	建造单位		交工日期	附件	
	2.64%			2016 年 05 月 09 日		
验收部门	行政部	验收人员	王正和	管理部门	行政部	管理人员	王正和
备注						

审核：李华　　　　　　　　　　　　　　　　　　　　　　　　　　制单：陈圆

通用记账凭证

年　月　日　　　　　　　　　　　　　　　　　　　　　　凭证编号：

摘要	总账科目	明细科目	借方金额 千 百 十 万 千 百 十 元 角 分	贷方金额 千 百 十 万 千 百 十 元 角 分	记账符号
附件　张		合计			

会计主管：　　　　　记账：　　　　　复核：　　　　　出纳：　　　　　制单：

（8）支付货款

2016 年 5 月 15 日，新华经贸发展有限公司（商品零售企业）用银行存款支付前欠佳佳商店货款，请根据原始凭证编制凭证。银行进账单、转账支票存根如凭4-139、凭4-140所示。

凭4-139

交通银行进账单（回单）1

2016年05月15日

出票人	全 称	新华经贸发展有限公司	收款人	全 称	佳佳商店	此联是开户银行交给持票人的回单
	账 号	110006765465549087611		账 号	567801364908691001	
	开户银行	交通银行北京分行		开户银行	中国银行北京分行	
金额	人民币肆仟元整（大写）			亿 千 百 十 万 千 百 十 元 角 分 ¥ 4 0 0 0 0 0		
票据种类	转账支票	票据张数	1	交通银行北京分行 2016.05.15 转讫	开户银行签章	
票据号码	23456543					
	复核		记账			

凭4-140

通用记账凭证

年　月　日　　　　　　　　　　　　　　　　　　　　　凭证编号：

摘要	总账科目	明细科目	借方金额										贷方金额										记账符号
			千	百	十	万	千	百	十	元	角	分	千	百	十	万	千	百	十	元	角	分	
附件：　张		合计																						

会计主管：　　　　　　记账：　　　　　　复核：　　　　　　出纳：　　　　　　制单：

3. 实训提示

（1）填制收款凭证

① 销售收款 1。该笔经济业务应记入"银行存款"账户的借方，"主营业务收入"账户和"应交税费"账户的贷方。

② 销售收款 2。该笔经济业务应记入"银行存款"账户的借方，"主营业务收入"账户和"应交税费"账户的贷方。

③ 收回汇票款项。该笔经济业务应记入"银行存款"账户的借方，"应收票据"账户的贷方。

④ 收回货款 1。该笔经济业务应记入"银行存款"账户的借方，"应收账款"账户的贷方。

⑤ 收回货款 2。该笔经济业务应记入"银行存款"账户的借方，"应收账款"账户的贷方。

⑥ 预收货款。该笔经济业务应记入"银行存款"账户的借方，"预收账款"账户的贷方。

⑦ 收回员工借款。该笔经济业务应记入"库存现金"账户的借方，"其他应收款"账户的贷方。

⑧ 银行借款。该笔经济业务应记入"银行存款"账户的借方，"短期借款"账户的贷方。

⑨ 收到投资款。该笔经济业务应记入"银行存款"账户的借方，"实收资本"账户的贷方。

⑩ 销售材料。该笔经济业务应记入"银行存款"账户的借方，"其他业务收入"账户和"应交税费"账户的贷方。

⑪ 收押金。该笔经济业务应记入"库存现金"账户的借方，"其他应付款"账户的贷方。

（2）填制付款凭证

① 支付购货款。该笔经济业务应记入"应付账款"账户的借方，"银行存款"账户的贷方。

② 购买办公用品。该笔经济业务应记入"管理费用"账户的借方，"库存现金"账户的贷方。

③ 提取现金。该笔经济业务应记入"库存现金"账户的借方，"银行存款"账户的贷方。

④ 发放工资。该笔经济业务应记入"应付职工薪酬"账户的借方，"库存现金"账户的贷方。

⑤ 预借差旅费。该笔经济业务应记入"其他应收款"账户的借方，"库存现金"账户的贷方。

⑥ 现金存款。该笔经济业务应记入"银行存款"账户的借方，"库存现金"账户的贷方。

⑦ 支付货款。该笔经济业务应记入"应付账款"账户的借方,"银行存款"账户的贷方。

⑧ 购买办公用品。该笔经济业务应记入"周转材料"账户和"应交税费"账户的借方,"库存现金"账户的贷方。

⑨ 支付广告费。该笔经济业务应记入"销售费用"账户和"应交税费"账户的借方,"银行存款"账户的贷方。

⑩ 购入原料。该笔经济业务应记入"原材料"账户和"应交税费"账户的借方,"银行存款"账户的贷方。

⑪ 预付货款。该笔经济业务应记入"预付账款"账户的借方,"银行存款"账户的贷方。

⑫ 购入材料。该笔经济业务应记入"原材料"账户的借方,"银行存款"账户的贷方。

⑬ 购买发票。该笔经济业务应记入"管理费用"账户的借方,"银行存款"账户的贷方。

⑭ 缴纳社保费。该笔经济业务应记入"其他应付款"账户和"应付职工薪酬"账户的借方,"银行存款"账户的贷方。

(3) 填制转账凭证

① 购进材料 1。该笔经济业务应记入"原材料"账户和"应交税费"账户的借方,"应付账款"账户的贷方。

② 购进材料 2。该笔经济业务应记入"在途物资"账户和"应交税费"账户的借方,"应付账款"账户的贷方。

③ 购进材料 3。该笔经济业务应记入"原材料"账户和"应交税费"账户的借方,"应付账款"账户的贷方。

④ 领用材料 1。该笔经济业务应记入"生产成本"账户的借方,"原材料"账户的贷方。

⑤ 领用材料 2。该笔经济业务应记入"制造费用"账户的借方,"原材料"账户的贷方。

⑥ 计提消费税。该笔经济业务应记入"税金及附加"账户的借方,"应交税费"账户的贷方。

⑦ 销售软件。该笔经济业务应记入"应收账款"账户的借方,"主营业务收入"账户和"应交税费"账户的贷方。

⑧ 支付差旅费。该笔经济业务应记入"销售费用"账户的借方,"其他应收款"账户的贷方。

⑨ 计提折旧。该笔经济业务应记入"管理费用"账户的借方,"累计折旧"账户的贷方。

⑩ 计提工资。该笔经济业务应记入"生产成本"账户、"管理费用"账户和"销售费用"账户的借方,"应付职工薪酬"账户的贷方。

⑪ 计提企业负担的社保和住房公积金。该笔经济业务应记入"生产成本"账户、"制造费用"账户、"管理费用"账户和"销售费用"账户的借方,"应付职工薪酬"账户的贷方。

(4) 填制通用记账凭证

① 借入借款。该笔经济业务应记入"银行存款"账户的借方,"短期借款"账户的贷方。

② 支付广告费。该笔经济业务应记入"销售费用"账户的借方,"银行存款"账户的贷方。

③ 购进商品。该笔经济业务应记入"库存商品"账户和"应交税费"账户的借方,"银行存款"账户和"应付账款"账户的贷方。

④ 缴存现金。该笔经济业务应记入"银行存款"账户的借方,"库存现金"账户的贷方。

⑤ 提取现金。该笔经济业务应记入"库存现金"账户的借方,"银行存款"账户的贷方。

⑥ 发放工资。该笔经济业务应记入"应付职工薪酬"账户的借方,"库存现金"账户的贷方。

⑦ 购买办公桌。该笔经济业务应记入"固定资产"账户的借方,"银行存款"账户的贷方。

⑧ 支付货款。该笔经济业务应记入"应付账款"账户的借方,"银行存款"账户的贷方。

实训四 记账凭证的审核

1. 实训目的

熟悉审核记账凭证的基本要求,掌握审核的方法,加强对记账凭证合理性、完整性、技术性的审核,审核后的记账凭证能区别不同情况进行处理。

2. 实训资料和要求

(1) 领用材料

2016年5月20日,北京南方股份有限公司第二车间领用机物料(材料类别:原材料),制单人员根据原始凭证编制一张记账凭证,请对记账凭证进行复核。记账凭证、领料单、发出材料计算表如凭4-141、凭4-142、凭4-143所示。

凭4-141

转 账 凭 证

2016年05月20日　　　　　　　　　　　凭证编号转字第020号

摘要	总账科目	明细科目	借方金额 千百十万千百十元角分	贷方金额 千百十万千百十元角分	记账符号
车间维修设备	生产成本	一车间	1 2 8 0 0		
领用材料	原材料	机物料		1 2 8 0 0	√
附件：2张	合计		¥　　　1 2 8 0 0	¥　　　1 2 8 0 0	

会计主管：　　　　记账：　　　　复核：　　　　出纳：　　　　制单：王海

凭4-142

领 料 单

领料部门：第二车间

用　　途：清洗设备　　　　2016年05月20日　　　　　　05第45号

材料			单位	数量		成本			
编号	名称	规格		请领	实发	单价	总价 百十万千百十元角分		会计联
008	机物料		千克	5	5				
合计									

部门经理：郭聪　　　　会计：王海　　　　仓库：苏海丽　　　　经办人：李替

凭4-143

发出材料计算表

材料品名	计量单位	期初结存数量	本期购入数量	期初结存金额	本期购入金额	单位成本	生产耗用	
							数量	金额
机物料	千克	12	30	307.20	768.00	25.60	5	128.00

审核：林玲　　　　　　　　　　　　　　　　　　　　制表：王海

(2) 支付购料款

2016年5月20日，北京南方股份有限公司偿还上月购料款，制单人员根据原始凭证编制一张记账凭证，请对记账凭证进行复核。原付款凭证、电汇凭证如凭4-144、凭4-145所示。

凭 4-144

付 款 凭 证

贷方科目：银行存款　　　　　　2016 年 05 月 20 日　　　　　　银付字第 007 号

摘　要	借方科目		金　额									记账符号
	总账科目	明细科目	千	百	十	万	千	百	十	元	角	分	
偿还上月购料款	应付账款	上海光华公司				3	8	6	7	5	0	0	√
附件：1 张	合　计		￥			3	8	6	7	5	0	0	

会计主管：　　　　　记账：　　　　　复核：　　　　　出纳：　　　　　制单：王海

凭 4-145

交通银行电汇凭证（回单）1

□普通　□加急　　　　委托日期 2016 年 05 月 20 日

汇款人	全　称	北京南方股份有限公司	收款人	全　称	上海光华公司
	账　号	1100076090487080091012		账　号	298438635412572404578
	汇出地点	省 北京 市/县		汇入地点	省 市/县
汇出行名称		交通银行北京分行	汇入行名称		交通银行上海分行
金额		人民币（大写）叁万陆仟柒佰伍拾元整			￥ 3 6 7 5 0 0 0

支付密码

附加信息及用途：购买材料

（交通银行北京分行 2016.05.20 转讫 汇出行签章）

复核：　　　　　记账：

（3）提取现金

2016 年 5 月 20 日，北京南方股份有限公司从银行提取现金，以备零星开支。制单人员根据原始凭证编制一张记账凭证，请对记账凭证进行复核。原付款凭证、现金支票存根如凭 4-146、凭 4-147 所示。

凭 4-146

付 款 凭 证

贷方科目：库存现金　　　2016年05月20日　　　银付字第009号

摘 要	借方科目		金 额									记账符号
	总账科目	明细科目	千	百	十	万	千	百	十	元	角	分	
提现备用	银行存款					1	0	0	0	0	0	√
附件：1张	合　　计					¥	1	0	0	0	0	0	

会计主管：　　　　记账：　　　　复核：　　　　出纳：　　　　制单：王海

凭 4-147

（4）包装物押金

2016年5月20日，北京南方股份有限公司收到出借包装物押金。制单人员根据原始凭证编制一张记账凭证，请对记账凭证进行审核。原收款凭证、收款收据如凭4-148、凭4-149所示。

凭 4-148

收 款 凭 证

借方科目：库存现金　　　　　2016 年 05 月 20 日　　　　　现收字第 009 号

摘　　要	贷方科目		金　　额									记账符号
	总账科目	明细科目	千	百	十	万	千	百	十	元	角	分
收到出借包装物押金	其他业务收入							5	0	0	0	0	√
附件：1 张	合　　计						¥	5	0	0	0	5	

会计主管：　　　　记账：　　　　复核：　　　　出纳：　　　　制单：王海

凭 4-149

收 款 收 据

2016 年 05 月 20 日　　　　　NO 00490021

今收到　　光华公司

交来：　　包装物押金　　　　　　现金收讫

金额（大写）　零 拾 零 万 零 仟 伍 佰 零 拾 零 元 零 角 零 分

¥ 500.00　　☑ 现金　□ 支票　□ 信用卡　□ 其他　　收款单位（签章）

核准：林芳　　　会计　　　记账　　　出纳：马峰　　　经手人：吴建

第三联 交财务科

3. 实训提示

① 完整的记账凭证应包括日期、凭证编号、摘要、结算方式、票号、借方科目、贷方科目、金额、所附单据说明、制单人、审核人、记账人等内容。对记账凭证应审核上述项目是否填列完整、正确，相关人员是否签字或盖章。

② 审核记账凭证所使用的会计科目和所填写的金额是否正确。通常情况下，可以编制一借多贷或一贷多借的会计分录，但不能编制多借多贷的会计分录。

③ 记账凭证金额栏的空白处要划掉，合计金额栏要用人民币符号封头。

实训五　会计凭证的传递和保管

1. 实训目的

会计凭证是重要的经济档案，通过实训使学生熟悉会计凭证造册归档、借阅及保管、销毁手续,掌握会计凭证的装订方法和保管要求。

2. 实训资料

实训三发生的经济业务所填制并经审核无误后的记账凭证及所附原始凭证。

3. 实训要求

① 定期整理,装订成册。会计部门记账后,应定期(一般为每旬或每月)将会计凭证加以归类、整理,确保会计凭证完整无缺后,折叠整齐,加上封面、封底,装订成册,有关人员签名并加盖单位公章。

② 科学管理,存取有序。会计凭证必须进行科学管理,做到妥善保管、存放有序、查找方便,严格执行安全和保密制度,不得随意堆存,严防毁损、丢失和泄密。

第 5 章

会计账簿的登记

5.1 账簿的登记与分类

会计账簿是由具有一定格式、相互联系的账页所组成的。它是以会计凭证为依据，全面、系统、序时、分类地记录各项经济业务的簿籍。设置和登记会计账簿是会计核算的专门方法。

1. 账簿的登记规则

账簿是形成和存储会计信息的主要载体与工具。为了保证记账的准确、完整且便于查阅和长期保存，登记账簿应遵循下列规则。

① 必须以经过审核无误的记账凭证及所附的原始凭证为依据登记账簿。记账时，应将记账凭证上的日期、凭证种类和编号、摘要和金额逐项记入账内；记账后要在记账凭证上签章，注明所记账簿的页次或画"√"号，以防重记或漏记。

② 登记账簿必须使用蓝色或黑色钢笔书写，不得使用铅笔和圆珠笔。

按照会计制度的规定，红字只能在下列情况使用：结账划线；更正错账时更正划线；根据红字冲账法冲销错误记录（冲账）；在不设贷方（或借方）栏目的多栏式账页中，登记减少数（如在制造费用明细账页中，只设置借方栏，不设置贷方栏，则在登记减少数或转出数时要用红字进行登记，以示转出）；在三栏式账户的余额栏前，未标明余额方向的，在余额栏内登记负数余额；根据国家统一会计制度的规定可以用红字登记的其他会计分录。除此以外，不得使用红字记账。

③ 账簿中文字和数字的书写必须规范、整洁、清晰，应贴近底线，且在上面留有适当的空距，以便改错。账簿记录发生错误后，应根据错误的性质和发现时间的不同，按规定的办法进行更正，严禁涂改、刮擦、挖补、用药水更改字迹或撕毁账页等。

④ 账簿必须按照账页顺序逐页逐行顺序登记，不得跳行、隔页。如果发生跳行、隔页，应当在空行、空页处划上红色对角线注销，或者注明"此页空白""此行空白"字样，并由记账人员签名或盖章。订本式账簿必须按照编订的页次顺序进行登记，不得缺页，不得随意撕毁账页；活页式账簿要按照页次顺序装订成册，不得随意抽换账页。

⑤ 每一页账页登记完毕结转下页时，应在账页的最末一行结出本页发生额合计数和余额，并在摘要栏中注明"过次页"，在次页第一行记入上页的合计数和余额，并在摘要

栏中注明"承前页",以保持账页之间的连续性。

⑥ 在总账中,凡是需要结出余额的账户,结出余额后,应当在"借或贷"栏目内写明"借"或者"贷"字样,表明余额方向。没有余额的账户,应当在"借或贷"栏目内写"平"字,并在"余额栏"内用"0"表示。库存现金日记账和银行存款日记账必须逐日结出余额。

⑦ 各种账簿(除少数变化很少的明细账,如固定资产明细账以外)每年都应更换新账簿。年度开始时,将各账户上年年终的余额,转记到新账簿相应账户的第一页第一行内,并在摘要栏注明"上年结转"字样。

2. 账簿的分类

账簿按照用途不同,可以分为序时账簿、分类账簿和备查账簿;账簿按照形式不同,可以分为订本式账簿、活页式账簿和卡片式账簿;账簿按账页格式不同,可分为三栏式账簿、多栏式账簿和数量金额式账簿。企业应根据自身的业务特点及经营管理的需要,设置相应的账簿体系及具体的账簿。

5.2 日记账的登记

日记账,是指根据经济业务发生或完成的先后顺序,逐日逐笔进行连续登记的账簿。按记录的经济业务内容不同,日记账又分为普通日记账和特种日记账两种。

1. 普通日记账

普通日记账是指用来登记全部经济业务发生情况的日记账。在设置普通日记账的情况下,企业应当按照每日发生的所有经济业务,不论其经济内容如何,在日记账中按照发生的时间顺序逐笔编制会计分录,并过入账簿,因此这种日记账也称分录日记账。

普通日记账一般设有"借方金额"和"贷方金额"两栏,这种账簿不结余额。其一般格式如表 5-1 所示。

表 5-1 普通日记账

年		摘要	账户名称	借方金额								贷方金额								过账
月	日			十	万	千	百	十	元	角	分	十	万	千	百	十	元	角	分	

2. 特种日记账

特种日记账是指用来专门登记某一类经济业务发生情况的日记账。在特种日记账中,要求将某一类经济业务按其发生的时间先后顺序逐笔序时登记入账,以反映该类经济业务的详细情况。

在我国的会计工作中，普通日记账的使用比较少，多使用特种日记账。为了加强货币资金的收付管理，我国会计制度要求各单位必须设置现金日记账和银行存款日记账。

（1）库存现金日记账的格式和登记方法

库存现金日记账，是由出纳人员对现金收付业务逐日逐笔按经济业务发生的先后顺序登记的，用以详细地、序时地记录和监督企业现金的收入、支出和结余情况的一种日记账。其一般格式如表5-2所示。

表5-2 库存现金日记账

年		凭证号	摘要	对方科目	借方								贷方								借或贷	余额							
月	日				十	万	千	百	十	元	角	分	十	万	千	百	十	元	角	分		十	万	千	百	十	元	角	分

库存现金日记账的登记方法如下。

① 日期栏。现金的实际收、付日期。

② 凭证号码栏。登记所依据的记账凭证的种类及其编号。例如记账凭证为15号现金收款凭证，就记为"现收15号"。准确记录凭证号码，有利于查账和核对。

③ 摘要栏。简要说明经济业务的内容。

④ 对方科目栏。填列会计分录中与借或贷记现金账户相对应的那一方的科目名称，也就是现金收入的来源科目或现金支出的用途科目，其作用是了解经济业务的来龙去脉。例如用现金支付办公费100元，对方科目栏就应填"管理费用"。

⑤ 借方栏、贷方栏和余额栏。借方栏、贷方栏分别记录实际发生的现金收入和支出金额。余额栏反映余额数，并与库存现金数核对，即"日清"。月末要计算并填列借方合计数和贷方合计数，即"月结"。

⑥ 借或贷栏。表示余额的方向。期末有借方余额，在该栏填"借"；期末有贷方余额，在该栏填"贷"；期末无余额，在该栏填"平"。

（2）银行存款日记账的格式和登记方法

银行存款日记账，是由出纳人员对银行存款收付业务逐日逐笔按经济业务发生的先后顺序进行登记的一种日记账。其一般格式如表5-3所示。

表5-3 银行存款日记账

年		凭证号	摘要	结算凭证		借方								贷方								借或贷	余额							
月	日			种类	编号	十	万	千	百	十	元	角	分	十	万	千	百	十	元	角	分		十	万	千	百	十	元	角	分

银行存款日记账的登记方法和要求与库存现金日记账基本相同，只是月末银行存款结余额的账实核对方法不一样。对于现金，通过实地盘点就可知道实际数，从而进行账实核对。而对于银行存款，则要把银行存款日记账和银行对账单进行核对，编制银行存款余额调节表，这样才能反映银行存款的实际数，从而进行账实核对。

5.3 分类账的登记

分类账是对发生的全部经济业务进行分类登记的账簿。分类账按其反映内容详细程度的不同，可分为总账和明细账两种。

1. 总账

总账是根据一级会计科目设置和登记，用来分类登记全部经济业务，提供各项资产、负债、所有者权益、收入、费用和利润等总括性核算指标的信息。

总账的格式一般采用三栏式，即在账页中设置借方、贷方和余额三个金额栏，称为"借贷余额式"。其一般格式如表 5-4 所示。

表 5-4 总　　账

科目名称：　　　　　　　　　　　　　　　　　　　　　　　　　　　　　　　第　页

年		凭证号	摘要	页数	借方								贷方								借或贷	余额							
月	日				十万	万	千	百	十	元	角	分	十万	万	千	百	十	元	角	分		十万	万	千	百	十	元	角	分

三栏式总账的登记，可以根据各种记账凭证逐笔登记，也可根据汇总记账凭证或科目汇总表汇总登记，还可以根据多栏式库存现金日记账、银行存款日记账逐笔或定期登记，这主要取决于每个单位所采用的会计账务处理程序。

2. 明细账

明细账是根据总账所属的二级或明细科目设置和登记的，用来登记某一类经济业务，提供明细核算指标的信息，是总账不可缺少的详细补充记录。明细账的格式根据各单位经济业务的特点及管理制度的要求进行设置，其账页格式有"三栏式""多栏式"和"数量金额式"三种。

（1）三栏式明细账

三栏式明细账的基本结构是"借方"栏、"贷方"栏和"余额"栏，主要适用于总账、日记账，也可用于只进行金额核算而不需要数量核算的债权债务结算类账户的明细账。三栏式明细账的格式如表 5-5 所示。

表 5–5　应收账款明细账

明细科目：　　　　单位：　　　　　　　　　　　　　　　　　　　　　　　　　　　　第　　页

年		凭证号	摘要	页数	借方								贷方								借或贷	余额							
月	日				十	万	千	百	十	元	角	分	十	万	千	百	十	元	角	分		十	万	千	百	十	元	角	分

（2）多栏式明细账

多栏式明细账是在"借方"或"贷方"某一方或者两方下再分设若干专栏，详细核算借方、贷方发生额的具体构成，主要适用于核算项目较多且管理上要求提供核算项目详细内容的账户，如"本年利润"明细账、"应交税费——应交增值税"明细账等。多栏式账簿的格式如表5–6所示。

表 5–6　生产成本明细账（多栏式）

第　　页

年		凭证号数	摘要	借方			
月	日			直接材料	直接人工	制造费用	合计

（3）数量金额式明细账

数量金额式明细账的基本结构是"借方"（收入）栏、"贷方"（发出）栏和"余额"（结存）栏，每栏再分设"数量""单价"和"金额"专栏。数量金额式明细账适用于既需要进行金额核算又需要进行数量核算的账户，如原材料、库存商品等存货账户。数量金额式明细账的格式如表5–7所示。

表 5–7　原材料明细账

材料类别：　　　　　　　　　　　　　　　　　　　　　　　　　　　　　　　　存放仓库：
品名和规格：　　　　　　　　　　　　计量单位：　　　　　　　　　　　　　　　编号：

年		凭证号数	摘要	收入			发出			结存		
月	日			数量	单价	金额	数量	单价	金额	数量	单价	金额

5.4　对账、结账和更正错账

1. 对账

对账，就是核对账目，是在结账前将账簿记录的内容和会计凭证进行核对，各种账簿之间的数字进行核对，账簿记录与各项财产物资的实际结存数目进行核对，以保证账证相符、账账相符、账实相符，从而为编制财务报告提供真实、准确的会计核算资料。

对账的主要内容包括账证核对、账账核对和账实核对。

（1）账证核对

账证核对是指将各种账簿（包括总账、明细账及库存现金日记账和银行存款日记账等）记录与有关的会计凭证（包括记账凭证及所附的原始凭证）进行核对，做到账证相符。

账簿与记账凭证核对主要是检查账簿记录是否按照记账凭证确定的账户、方向和金额进行登记。这种核对主要是在平时编制记账凭证和记账过程中进行的。

（2）账账核对

账账核对是在账证核对相符的基础上，对各种账簿记录的内容所进行的核对工作。账账核对的具体内容包括：总账账户的借方期末余额合计数与贷方期末余额合计数核对相符；明细账各账户的余额合计数与有关的总账账户的余额核对相符；日记账的余额与总账各账户的余额核对相符；会计部门的财产物资明细账与财产物资保管、使用部门的明细账核对相符。

（3）账实核对

账实核对是在账账核对的基础上，将各种账簿记录余额与各项财产物资、现金、银行存款及各种往来款项的实存数进行核对，做到账实相符。账实核对的具体内容包括库存现金日记账的账面余额与库存现金实有数相互核对；银行存款日记账的账面余额与各开户银行对账单之间相互核对；财产物资明细账的结存数与清查盘点后的实有数相互核对；各种应收、应付、应交款明细账各账户的账面余额与有关债权、债务单位或个人及有关部门相互核对。

2. 结账

（1）结账的含义与内容

结账就是把一定时期内所有的经济业务全部登记入账后，结出各种账簿的本期发生额和期末余额，据以编制会计报表，并将余额结转下期或新的账簿。

为了保证结账工作的顺利进行，结账前应做好一些准备工作，具体包括：检查凭证和账簿的正确性；进行相应的账项调整，如各种收入的确认、成本的结转等。即结账工作由两部分组成：一是结出总账和明细账的本期发生额和期末余额，并将余额在本期和下期之间结转；二是损益类账户，即收入、成本、费用类账户的结转，并计算本期利润或亏损。

通过结账，能够全面、系统地反映一定时期内发生的经济活动所引起的资产、负债及所有者权益等方面的增减变动情况及其结果，合理确定各期间的经营成果，并且有利于企业定期编制会计报表。

（2）结账的方法

按照结算时期的不同，结账可以分为月结、季结和年结三种。每月结账时，应在各账户本月最后一笔记录下面划一条通栏红线，表示本月结束；然后，在红线下结算出本月借、贷方发生额和月末余额，如果没有余额，在余额栏内注明"平"字或"0"，并在摘要栏内注明"×月份发生额及余额"或"本月合计"字样；最后，再在下面划一条通栏红线，表示完成月结工作。季结时，应在各账户本季度最后一个月的月结下面划一条通栏红线，表示本季结束；然后，在红线下结算出本季发生额和季末余额，并在摘要栏内注明"第×季度发生额及余额"或"本季合计"字样；最后，再在摘要栏下面划一条通栏红线，表示完成季结工作。年结时，首先在12月下面划一通栏红线，表示年度终了；然后，在红线下面填列全年12个月份的月结发生额合计或4个季度季结发生额合计和年末余额，并在摘要栏内注明"年度发生额及余额"或"本年合计"字样，为使借、贷双方合计数平衡，应将上年结转过来的年初借（贷）方余额抄列至"年度发生额及余额"或"本年合计"下一行的借（贷）方栏内，并在摘要栏内注明"年初余额"字样，再将年末借（贷）方余额抄列至下一行的贷（借）方栏内，并在摘要栏内注明"结转下年"字样；最后计算出借、贷双方合计数（应该相等），并在摘要栏内注明"合计"字样，再在合计数下面划一通栏双红线，表示封账，完成年结工作。

账户在年度内没有发生额的不需要结账，只需将其余额转入新年度的相应账簿中即可。以上结账的基本方法如表5–8所示。

表5–8　总　账

科目：库存现金

年		凭证号数	摘要	借方	贷方	借或贷	余额
月	日						
1	1		上年结转			借	3 525
	2		支付办公费		100	借	3 425
	⋮		⋮	⋮	⋮	⋮	⋮
	31		支付临时工工资		185	借	2 174
			1月份发生额及余额	1 276	2 627	借	2 174
⋮			⋮	⋮	⋮	⋮	⋮
3	31		出售废品物资	120		借	2 845
			3月份发生额及余额	1 855	2 535	借	2 845
			第1季度发生额及余额	5 671	6 351	借	2 845
⋮			⋮	⋮	⋮	⋮	⋮
12	31		支付工作餐费		300	借	1 928
			12月份发生额及余额	1 778	3 375	借	1 928
			第4季度发生额及余额	6 498	8 095	借	1 928
			本年发生额及余额	27 635	29 232	借	1 928
			年初余额	3 525			
			结转下年		1 928		
			合计	31 160	31 160		

注：────表示单红线，════表示双红线。

3. 错账的更正方法

会计人员填制会计凭证和登记账簿时,必须认真仔细,尽量避免账簿记录错误,以保证会计信息质量。如果发生记账错误,应运用一定的方法进行查找并采用适当的方法及时更正。常用的错账更正方法有划线更正法、红字更正法和补充登记法。

(1) 划线更正法

划线更正法是先在错误的文字或数字上划一条红色横线,以示注销,但必须使原有字迹仍可辨认,以备考查;然后在划线上方用蓝色钢笔写上正确的文字或数字,做出更正记录,并在划线处加盖更正人图章,以明确责任。划线更正法适用于在结账前发现账簿记录中文字或数字错误而记账凭证没有错误的情况。

例如,企业用银行存款 2 480 元购买办公用品。会计人员在根据记账凭证(记账凭证正确)记账时,误将总账中银行存款贷方的 2 480 元写成 2 840 元。

采用划线更正法更正的具体方法是:先将总账中银行存款账户贷方的错误数字 2 480 元全部用一条红线划销(注意:不能只划销个别错误的数字,如 84),然后在其上方用蓝字写出正确的数字 2 480 元,并在更正处盖章或签名,以明确责任。

(2) 红字更正法

红字更正法一般适用于以下两种情况。

① 根据记账凭证所记录的内容登记账簿以后,发现记账凭证的应借、应贷科目或记账方向有错误,可采用此方法进行更正。

更正方法:先用红字填写一张内容与原错误记账凭证完全一致的记账凭证,在摘要栏写明"更正第×号凭证的错误"字样,并据以红字登账,冲销原错误记录,然后再用蓝字填写一张正确的记账凭证,并据以登记入账。

例如,企业计提车间管理部门固定资产折旧费 80 000 元。这项经济业务编制的会计分录应为借记"制造费用"科目,贷记"累计折旧"科目,但会计人员在编制记账凭证时误将"制造费用"记为"管理费用"并已登记入账。

更正时,先用红字填写一张与错误记账凭证完全相同的记账凭证,在"摘要"栏中注明"冲销(或更正)第×号凭证的错误",并据以用红字金额登记入账,冲销原有错误记录。然后,用蓝字填写一张正确的记账凭证,在摘要栏注明"更正第×号凭证的错误",并据以登记入账。

注意,在填写红字冲销凭证时,只有会计科目和原先错误凭证的会计科目相同,其他各个项目的内容都不相同,即填写日期不同,填写日期应是更正时的日期;编号不同,编号是更正时的新编号;摘要不同,金额是红字,没有附件。

② 根据记账凭证所记录的内容记账以后,发现记账凭证中应借、应贷账户正确无误,但是所填写的金额大于应填写的金额,可采用此方法进行更正。

更正方法:将多记的金额用红字填写一张与原错误记账凭证账户相同、记账方向相同的记账凭证,并据以登记入账,冲销原来的多记金额,在摘要栏注明"冲销第×号凭证多记金额"字样。

例如,企业从银行提取现金 6 900 元,会计人员在填写记账凭证时,误将金额填为 9 600 元,并已据此登记入账。

更正时,将多记的金额 2 700 元(9 600–6 900)用红字填写一张内容与上述错误记账凭证完全一致的记账凭证,并据以用红字登记入账,冲销原错误记录。

(3)补充登记法

补充登记法是记账以后,发现记账凭证上的应借、应贷账户并无错误,只是所填金额小于应记金额,从而引起账簿记录错误。更正方法是:将少记的金额用蓝字填写一张与原错误记账凭证账户名称相同、记账方向一致的记账凭证,补充少记的金额,并据以登记入账,同时在记账凭证的摘要栏注明"补记第×号凭证的少记金额"字样。

例如,企业以银行存款 85 000 元归还前欠的购货款,在填写记账凭证时误将金额填为 35 000 元,并据以登记入账。

更正时,将少记的金额 50 000 元(85 000–35 000)用蓝字填写一张与原错误记账凭证账户名称相同、记账方向一致的记账凭证,并据以登记入账,补记少记的金额。

5.5 实　　训

实训一　日记账的登记

1. 实训目的

通过日记账的登记,使学生进一步了解日记账的种类、格式和基本内容,熟悉登记日记账的依据和要求,掌握库存现金日记账及银行存款日记账的登记方法。

2. 实训资料

第 4 章实训三,北京化工有限公司和北京南方股份有限公司发生的经济业务所编制的收款凭证和付款凭证。

3. 实训要求

① 根据北京化工有限公司审核无误的收、付款凭证逐日逐笔登记库存现金日记账和银行存款日记账(库存现金日记账期初余额为 6 000 元,银行存款日记账期初余额为 685 000 元)。

库存现金日记账

年		凭证号	摘要	对方科目	借方								贷方								借或贷	余额							
月	日				十	万	千	百	十	元	角	分	十	万	千	百	十	元	角	分		十	万	千	百	十	元	角	分

银行存款日记账

年		凭证号	摘要	结算凭证		借方								贷方								借或贷	余额							
月	日			种类	编号	十	万	千	百	十	元	角	分	十	万	千	百	十	元	角	分		十	万	千	百	十	元	角	分

② 根据北京南方股份有限公司审核无误的收、付款凭证逐日逐笔登记库存现金日记账和银行存款日记账（库存现金日记账期初余额为 3 000 元，银行存款日记账期初余额为 298 000 元）。

库存现金日记账

年		凭证号	摘要	对方科目	借方								贷方								借或贷	余额							
月	日				十	万	千	百	十	元	角	分	十	万	千	百	十	元	角	分		十	万	千	百	十	元	角	分

银行存款日记账

年		凭证号	摘要	结算凭证		借方								贷方								借或贷	余额							
月	日			种类	编号	十	万	千	百	十	元	角	分	十	万	千	百	十	元	角	分		十	万	千	百	十	元	角	分

③ 库存现金日记账每日终了应结出余额,并与库存现金相核对,银行存款日记账应定期与银行送来的对账单进行核对,做到日清月结。

4. 实训提示

① 登记库存现金日记账和银行存款日记账一定要按时间顺序进行。

② 库存现金日记账和银行存款日记账一定要每日登记,做到日清月结。

③ 根据库存现金的收、付款凭证登记库存现金日记账,根据银行存款收、付款凭证登记银行存款日记账,因为现金和银行存款之间的划转业务只编制付款凭证,不编制收款凭证,因此在登记库存现金日记账时,不要漏掉与库存现金有关的银行存款的付款凭证;在登记银行存款日记账时,不要漏掉与银行存款有关的库存现金的付款凭证。

实训二 分类账的登记

1. 实训目的

熟悉总账和明细账的外表形式及账页格式,掌握总账和明细账的登记方法。

2. 实训资料和要求

1)总账的登记

北京化工有限公司 2016 年 4 月 1 日至 4 月 30 日的科目汇总表如表 5–9 所示。

表 5–9 科目汇总表

2016 年 04 月 01 日至 04 月 30 日

会计科目	借方金额										贷方金额									
	亿	仟	百	十	万	千	百	十	元	角	分	亿	仟	百	十	万	千	百	十	元	角	分
库存现金															1	0	0	0	0	0	0
银行存款				1	6	0	0	0	0	0	0				1	5	0	0	0	0	0	0
应收账款																1	0	0	0	0	0	0
库存商品					1	0	0	0	0	0	0											
短期借款					1	0	0	0	0	0	0					5	0	0	0	0	0	0
应付账款						5	0	0	0	0	0					1	0	0	0	0	0	0
合计					4	1	0	0	0	0	0	0					4	1	0	0	0	0	0	0

(1) 登记银行存款总账

2016 年 4 月 30 日,记账员张翔根据 2016 年 4 月 1 日至 4 月 30 日的科目汇总表登记银行存款总账(银行存款总账月初余额为 149 000 元)。

总　账

科目名称：　　　　　　　　　　　　　　　　　　　　　　　　　　　　　　　第　页

年		凭证号	摘要	页数	借方									贷方									借或贷	余额								
月	日				十	万	千	百	十	元	角	分	十	万	千	百	十	元	角	分		十	万	千	百	十	元	角	分

（2）登记应收账款总账

2016年4月30日，记账员张翔根据2016年4月1日至4月30日的科目汇总表登记应收账款总账（应收账款总账月初余额为250 000元）。

总　账

科目名称：　　　　　　　　　　　　　　　　　　　　　　　　　　　　　　　第　页

年		凭证号	摘要	页数	借方									贷方									借或贷	余额								
月	日				十	万	千	百	十	元	角	分	十	万	千	百	十	元	角	分		十	万	千	百	十	元	角	分

（3）登记短期借款总账

2016年4月30日，记账员张翔根据2016年4月1日至4月30日的科目汇总表登记短期借款总账（短期借款总账月初余额为295 000元）。

总　账

科目名称：　　　　　　　　　　　　　　　　　　　　　　　　　　　　　　　第　页

年		凭证号	摘要	页数	借方									贷方									借或贷	余额								
月	日				十	万	千	百	十	元	角	分	十	万	千	百	十	元	角	分		十	万	千	百	十	元	角	分

（4）登记应付账款总账

2016年4月30日，记账员张翔根据2016年4月1日至4月30日的科目汇总表登记应付账款总账（应付账款总账月初余额为125 000元）。

总 账

科目名称：　　　　　　　　　　　　　　　　　　　　　　　　　　　第　页

年		凭证号	摘要	页数	借方									贷方									借或贷	余额								
月	日				十	万	千	百	十	元	角	分	十	万	千	百	十	元	角	分		十	万	千	百	十	元	角	分

2）明细账的登记

（1）三栏式明细账的登记

北京化工有限公司 2016 年 4 月初的"应收账款——大光公司"账户借方本年累计发生额为 560 000 元，贷方本年累计发生额为 536 000 元，期初余额借方为 70 000 元；本月发生的经济业务所编制的转账凭证、收款凭证如凭 5-1～凭 5-3 所示。根据相关资料登记"应收账款——大光公司"明细账并进行结账。

凭 5-1

转 账 凭 证

2016 年 04 月 12 日　　　　　　　　　　　　凭证编号：转字第 12 号

摘要	总账科目	明细科目	借方金额							贷方金额							记账符号
			十	万	千	百	十	元	角	分	十	万	千	百	十	元	角	分	
销售二丙烯基醚产品	应收账款	大光公司		4	6	8	0	0	0	0									✓
	主营业务收入	二丙烯基醚										4	0	0	0	0	0	0	
	应交税费	应交增值税（销项税额）											6	8	0	0	0	0	
附件：3 张	合　计		¥	4	6	8	0	0	0	0	¥	4	6	8	0	0	0	0	

会计主管：　　　　记账：　　　　复核：王二　　　　出纳：马峰　　　　制单：崔亮

凭 5-2

收 款 凭 证

借方科目：银行存款　　2016 年 04 月 15 日　　凭证编号：银收字第 13 号

摘要	贷方科目		金额									记账符号
	总账科目	明细科目	千	百	十	万	千	百	十	元	角	分	
收到上月欠款	应收账款	大光公司				4	0	0	0	0	0	0	
													✓
附件：1 张	合　计 ||			¥	4	0	0	0	0	0	

会计主管：　　　　记账：　　　　复核：王二　　　　出纳：马峰　　　　制单：崔亮

凭 5-3

转 账 凭 证

2016年04月16日　　　　　　　　　凭证编号：转字第17号

摘要	总账科目	明细科目	借方金额								贷方金额								记账符号
			十	万	千	百	十	元	角	分	十	万	千	百	十	元	角	分	
销售二丙烯基醚产品	应收账款	大光公司		2	3	4	0	0	0	0									√
	主营业务收入	二丙烯基醚										2	0	0	0	0	0	0	
	应交税费	应交增值税（销项税额）											3	4	0	0	0	0	
附件：2张	合　　计		¥	2	3	4	0	0	0	0	¥	2	3	4	0	0	0	0	

会计主管：　　　　　记账：　　　　　复核：王二　　　　　出纳：马峰　　　　　制单：崔亮

明　细　账

明细科目：　　　　单位：　　　　　　　　　　　　　　　　　　　　　　　　　第　　页

年		凭证号	摘要	页数	借方								贷方								借或贷	余额							
月	日				十	万	千	百	十	元	角	分	十	万	千	百	十	元	角	分		十	万	千	百	十	元	角	分

（2）数量金额式明细账的登记

2016年4月初北京化工有限公司的"原材料——乙烯"账户借方本年累计发生额为1 100 000元、数量为5 500吨，贷方本年累计发生额为1 000 000元、数量为5 000吨，期初余额借方为120 000元、数量为600吨，单价200元（本公司材料领用按先进先出法核算。提示：乙烯所有的进价和出库单价都是200元/吨）。本月发生的经济业务所编制的付款凭证、转账凭证如凭5-4～凭5-7所示。根据相关资料登记"原材料——乙烯"明细账并进行结账。

凭 5-4

付 款 凭 证

贷方科目：银行存款　　　　　2016年04月02日　　　　　　凭证编号：银付字第2号

摘要	借方科目		金　　额								记账符号
	总账科目	明细科目	千	百	十	万	千	百	十	元	角	分	
购进乙烯（数量200吨）	原材料	乙烯				4	0	0	0	0	0	0	
	应交税费	应交增值税（进项税额）					6	8	0	0	0	0	
													√
附件：3张	合　　计				¥	4	6	8	0	0	0	0	

会计主管：　　　　　记账：　　　　　复核：王二　　　　　出纳：马峰　　　　　制单：崔亮

凭 5-5

转 账 凭 证

2016 年 04 月 04 日　　　　　　　　　　凭证编号：转字第 4 号

摘要	总账科目	明细科目	借方金额 十万千百十元角分	贷方金额 十万千百十元角分	记账符号
购进乙烯（数量400吨，单价200元）	原材料	乙烯	8 0 0 0 0 0 0		√
	应交税费	应交增值税（进项税额）	1 3 6 0 0 0 0		
	应付账款	兰大公司		9 3 6 0 0 0 0	
附件：2张	合计		¥ 9 3 6 0 0 0 0	¥ 9 3 6 0 0 0 0	

会计主管：　　　　　记账：　　　　　复核：王二　　　　　出纳：马峰　　　　　制单：崔亮

凭 5-6

转 账 凭 证

2016 年 04 月 05 日　　　　　　　　　　凭证编号：转字第 6 号

摘要	总账科目	明细科目	借方金额 千百十万千百十元角分	贷方金额 千百十万千百十元角分	记账符号
购进乙烯（数量600吨，单价200元）	原材料	乙烯	1 2 0 0 0 0 0 0		
	应交税费	应交增值税（进项税额）	2 0 4 0 0 0 0		√
	应付账款	美达公司		1 4 0 4 0 0 0 0	
附件：2张	合计		¥ 1 4 0 4 0 0 0 0	¥ 1 4 0 4 0 0 0 0	

会计主管：　　　　　记账：　　　　　复核：王二　　　　　出纳：马峰　　　　　制单：崔亮

凭 5-7

转 账 凭 证

2016 年 04 月 15 日　　　　　　　　　　凭证编号：转字第 16 号

摘要	总账科目	明细科目	借方金额 千百十万千百十元角分	贷方金额 千百十万千百十元角分	记账符号
领用乙烯（数量800吨）	生产成本		1 6 0 0 0 0 0 0		
	原材料	乙烯		1 6 0 0 0 0 0 0	√
附件：1张	合计		¥ 1 6 0 0 0 0 0 0	¥ 1 6 0 0 0 0 0 0	

会计主管：　　　　　记账：　　　　　复核：王二　　　　　出纳：马峰　　　　　制单：崔亮

原材料明细账

部类_____ 产地_____ 单位_____ 规格_____ 品名_____

年		凭证字号	摘要	收入												发出												结存											
月	日			数量	单价	金额										数量	单价	金额										数量	单价	金额									
						千	百	十	万	千	百	十	元	角	分			千	百	十	万	千	百	十	元	角	分			千	百	十	万	千	百	十	元	角	分

（3）多栏式明细账的登记

2016年4月，北京化工有限公司本月发生的经济业务所编制的付款凭证如凭5-8～凭5-11所示。根据相关资料登记1-10日管理费用明细账。

凭5-8

凭5-9

付 款 凭 证

贷方科目：银行存款　　　　2016年04月04日　　　　凭证编号：银付字11号

摘 要	借方科目		金 额									记账符号
	总账科目	明细科目	千	百	十	万	千	百	十	元	角	分	
支付办公室用品维修费用	管理费用	修理费						5	8	5	0	0	✓
附件：2张	合 计						¥	5	8	5	0	0	

会计主管：　　　　记账：　　　　复核：王二　　　　出纳：马峰　　　　制单：崔亮

凭 5-10

付 款 凭 证

贷方科目：银行存款　　　　　2016年04月07日　　　　　凭证编号：银付字22号

摘 要	借方科目		金 额									记账符号
	总账科目	明细科目	千	百	十	万	千	百	十	元	角	分	
报销上月座机通信费用	管理费用	通信费					1	1	3	0	5	0	
													✓
附件：2张	合　计						¥	1	1	3	0	5	0

会计主管：　　　　记账：　　　　复核：王二　　　　出纳：马峰　　　　制单：崔亮

凭 5-11

付 款 凭 证

贷方科目：银行存款　　　　　2016年04月09日　　　　　凭证编号：银付字29号

摘 要	借方科目		金 额									记账符号
	总账科目	明细科目	千	百	十	万	千	百	十	元	角	分	
支付上月水电费	制造费用	水电费						7	8	4	0	0	
	应交税费	应交增值税（进项税额）						1	3	2	8	0	
	管理费用	水电费						1	5	7	0	0	✓
附件：2张	合　计						¥	1	0	7	4	2	8	0

会计主管：　　　　记账：　　　　复核：王二　　　　出纳：马峰　　　　制单：崔亮

3. 实训提示

① 总账一般按会计科目设置账页，在月末根据汇总记账凭证登记借方发生额和贷方发生额，并结出月末余额。

② 登记应收款明细账、应付款明细账时，一般按单位或个人设置明细科目。应收款明细账、应付款明细账的登记应尽可能详细，时间、凭证号、摘要、对方科目等栏目均要填写。

③ 登记材料明细账时，要按材料品种设置明细科目，并将数量和金额栏登记完整。

管理费用明细账

年		凭证字号	摘要	借或贷	借方	贷方	余额	借方项目			
月	日				亿千百十万千百十元角分	亿千百十万千百十元角分	亿千百十万千百十元角分	折旧费 亿千百十万千百十元角分	办公费 亿千百十万千百十元角分	工资 亿千百十万千百十元角分	通信费 亿千百十万千百十元角分

实训三 银行存款余额调节表的编制

1. 实训目的

在银行与企业之间，由于凭证的传递时间不同，导致双方记账时间不一致，从而产生了未达账项。通过实训，使学生掌握银行存款日记账与银行对账单的核对及银行存款余额调节表的编制方法。

2. 实训资料和要求

① 北京南方股份有限公司 2016 年 12 月银行对账单、银行存款日记账如凭 5-12、凭 5-13 所示。根据相关资料编制银行存款余额调节表。

凭 5-12

交通银行对账单

账号：11000760904870809 1012　　单位名称：北京南方股份有限公司　　币种：人民币

年份：2016

日期	摘要	凭证种类	凭证号码	借方发生额	贷方发生额	余额
1221	承前页					380 500.00
1222	付购货款	转支	#3603	80 500.00		300 000.00
1227	支付广告费	转支	#3605	40 000.00		260 000.00
1229	存款利息	特转	#1902		5 900.00	265 900.00
1229	收回货款	委托收款	#1004		20 000.00	285 900.00
1230	收回货款	委托收款	#1005		40 000.00	325 900.00
1231	贷款利息	特转	#1906	3 000.00		322 900.00

凭 5-13

银行存款日记账

2016年		凭证		摘要	借方	贷方	余额
月	日	种类	号数				
12	21			承前页	1 886 000	1 978 700	380 500
12	21	银付	20	购入材料		80 500	300 000
12	26	银付	21	支付广告费		40 000	260 000
12	28	银收	18	收回货款	20 000		280 000
12	30	银付	22	购买办公用品		1 000	279 000
12	30	银收	19	收回货款	40 000		319 000
12	31	银付	23	预付账款		50 000	269 000
12	31	银收	20	收回货款	10 000		279 000
12	31			本月合计	195 000	231 500	279 000
12	31			本年累计	1 956 000	2 150 200	279 000
12	31			结转下年			279 000

银行存款余额调节表

开户银行：　　　　　　　　　　　账号：　　　　　　　　　　年　月　日止

摘要	凭证号	金额	摘要	凭证号	金额
银行存款日记账余额			银行对账单余额		
加：银行已收，企业未收			加：企业已收，银行未收		
1			1		
2			2		
3			3		
4			4		
5			5		
减：银行已付，企业未付			减：企业已付，银行未付		
1			1		
2			2		
3			3		
4			4		
5			5		
调节后余额			调节后余额		

② 2016 年 5 月 31 日，北京化工有限公司（开户行：交通银行北京分行，账号：02000010090121364 4121）银行存款日记账的记录与开户行送来的对账单核对时，双方本月下旬的有关数字记录如下（每旬核对一次）。

银行存款日记账账面记录：

- 21 日开出转账支票（#1246），支付购货款 37 670 元；
- 23 日开出现金支票（#621），提取现金 300 元；
- 25 日开出转账支票（#1247），支付光明公司账款 22 786 元；
- 26 日收到天宇公司货款（#620），货款 24 600 元；
- 29 日收到转账支票（#7467），存入货款 10 800 元；
- 30 日开出转账支票（#1248），支付材料运费 845 元；
- 31 日结存余额 117 830 元。

银行对账单记录：

- 22 日收到天宇公司货款（#620），货款 24 600 元；
- 23 日付现金支票（#621），计 300 元；
- 23 日付转账支票（#1246），购料款 37 670 元；
- 25 日代交自来水公司水费（#1255），水费 2 085 元；
- 28 日代收浙江东湖公司货款（#992），货款 33 600 元；
- 30 日付转账支票（#1247），购料款 22 786 元；

● 31 日结存余额 139 390 元。

要求：将本月银行存款各项发生额与银行对账单核对，查明未达账项，编制银行存款余额调节表。

3. 实训提示

详细检查本单位银行存款日记账是否正确，然后根据银行送来的对账单逐笔核对。通过核对，如果发现双方账目不一致（其原因主要有两方面：一是双方账目可能发生错账或漏账；二是正常的未达账项），对于错账和漏账要及时更正，对于未达账项，则应编制银行存款余额调节表以检查双方账目是否相符。

实训四　结账

1. 实训目的

通过结账，使学生了解结账的目的、内容及要求，掌握结账的实际操作程序。

2. 实训资料和要求

① 北京化工有限公司已全部入账的总账（见本章实训二）；

② 北京化工有限公司已全部入账的明细账（见本章实训二）；

③ 北京化工有限公司已全部入账的库存现金日记账和银行存款日记账（见本章实训一）。

要求：按规定对北京化工有限公司进行结账。

3. 实训提示

① 账项结转和结账都是在会计期末进行，一般不在会计期间进行。

② 检查本期内日常发生的经济业务是否全部登记入账，若发现漏账、错账应及时补记、更正。

③ 编制有关账项调整的记账凭证，并据以登记入账。

实训五　更正错账

1. 实训目的

熟练掌握记账凭证的填制方法和更正错账的方法。

2. 实训资料和要求

2016 年 5 月 31 日，北京化工有限公司发现 2016 年 5 月 1 日车间生产产品领用原材料 3 500 元，相应的记账凭证编制有误。记账凭证如凭 5–14 所示。要求：采用正确的方法更正错账。

凭 5-14

转 账 凭 证

2016年05月20日　　　　　　　　　　　　　　凭证编号转字第020号

摘要	总账科目	明细科目	借方金额 千 百 十 万 千 百 十 元 角 分	贷方金额 千 百 十 万 千 百 十 元 角 分	记账符号
领用原材料	制造费用		3 5 0 0 0		
	原材料	铝合金		3 5 0 0 0	√
附件：2张	合计		¥ 　　3 5 0 0 0	¥ 　　3 5 0 0 0	

会计主管：　　　　　记账：　　　　　复核：　　　　　出纳：　　　　　制单：王海

3. 实训提示

对企业发生的错账，应先明确发生的错误属于何种情况，然后选择正确的更正方法。

第 6 章

会计报表的编制

财务报告是企业对外提供的反映企业某一特定日期财务状况和某一会计期间经营成果、现金流量等会计信息的文件。财务报告是会计主体会计核算工作的结果,是提供会计信息的一种重要手段。企业对外报送的会计报表包括资产负债表、利润表、现金流量表、所有者权益变动表及附注。

6.1 资产负债表的编制

资产负债表是反映企业在某一特定日期(月末、季末、半年末、年末)财务状况的会计报表,主要反映资产、负债和所有者权益三方面的内容,并满足"资产=负债+所有者权益"。通过资产负债表,可以帮助报表使用者全面了解企业的财务状况,分析企业的偿债能力,从而为未来的经济决策提供有用信息。资产负债表的格式和内容如表 6-1 所示。

表 6-1 资产负债表

会企 01

编制单位：　　　　　　　　　　　　　　___年___月　　　　　　　　　　　　　单位：元

资产	行次	期末余额	年初余额	负债和股东权益	行次	期末余额	年初余额
流动资产：				流动负债：			
货币资金				短期借款			
以公允价值计量且其变动计入当期损益的金融资产				以公允价值计量且其变动计入当期损益的金融负债			
应收票据				应付票据			
应收账款				应付账款			
预付款项				预收款项			
应收利息				应付职工薪酬			
应收股利				应交税费			
其他应收款				应付利息			
存货				应付股利			
一年内到期的非流动资产				其他应付款			

续表

资　产	行次	期末余额	年初余额	负债和股东权益	行次	期末余额	年初余额
其他流动资产				一年内到期的非流动负债			
流动资产合计				其他流动负债			
非流动资产：				流动负债合计			
可供出售金融资产				非流动负债：			
持有至到期投资				长期借款			
长期应收款				应付债券			
长期股权投资				长期应付款			
投资性房地产				专项应付款			
固定资产				预计负债			
在建工程				递延收益			
工程物资				递延所得税负债			
固定资产清理				其他非流动负债			
生产性生物资产				非流动负债合计			
无形资产				负债合计			
开发支出				所有者权益（或股东权益）：			
商誉				实收资本（或股本）			
长期待摊费用				资本公积			
递延所得税资产				减：库存股			
其他非流动资产				其他综合收益			
非流动资产合计				盈余公积			
资产总计				未分配利润			
				所有者权益（或股东权益）合计			
				负债和所有者权益（或股东权益）总计			

资产负债表"期末余额"栏内各项数据可通过以下几种方式获得。

① 根据总账账户余额直接填列。资产负债表大部分项目的填列都是根据有关总账账户的余额直接填列的。例如资产负债表中的"应收票据""以公允价值计量且其变动计入当期损益的金融资产""应收股利""应收利息""工程物资""在建工程""递延所得税资产""短期借款""应付票据""应付职工薪酬""应付股利""应交税费""递延所得税负债""实收资本""资本公积""盈余公积"等项目，直接根据各账户的余额填列。

② 根据总账账户的余额计算填列。例如"货币资金"项目，需要根据"库存现金""银行存款""其他货币资金"三个总账账户的期末余额合计数计算填列。

③ 根据明细账账户余额计算填列。例如"应收账款"项目，应根据"应收账款"和"预收账款"账户所属明细账户的期末借方余额之和填列；"应付账款"项目，应根据"应

付账款"和"预付账款"账户所属明细账户的期末贷方余额之和填列。

④ 根据总账账户和明细账账户余额分析计算填列。例如"长期借款"项目，需根据"长期借款"总账账户期末余额，扣除"长期借款"账户所属明细账户中将于一年内到期的长期借款的金额计算填列。

⑤ 根据总账账户余额减去其备抵项目后的净额填列。例如"固定资产"项目是用"固定资产"账户余额减去"累计折旧"和"固定资产减值准备"等备抵账户后的净额填列。

6.2 利润表的编制

利润表属于动态报表，是反映企业在一定会计期间经营成果的会计报表，主要提供有关企业经营成果方面的信息。通过利润表，可以反映企业一定会计期间的收入实现情况和费用耗费情况，可以反映企业一定会计期间生产经营活动的成果，据以判断资本保值、增值情况，可以反映企业的盈利能力，预测企业未来的盈利趋势。

利润表的格式一般有两种：单步式利润表和多步式利润表。在我国，利润表一般采用多步式。

多步式利润表由营业利润、利润总额和净利润构成，其中

营业利润=营业收入−营业成本−税金及附加−销售费用−管理费用−财务费用−资产减值损失+公允价值变动收益+投资收益

利润总额=营业利润+营业外收入−营业外支出

净利润=利润总额−所得税费用

利润表的基本格式和内容如表 6-2 所示。

表 6-2 利 润 表

会企 02 表

编制单位：　　　　　　　　　　　　　___年___月　　　　　　　　　　　　　单位：元

项　目	行次	本期金额	上期金额
一、营业收入			
减：营业成本			
税金及附加			
销售费用			
管理费用			
财务费用			
资产减值损失			
加：公允价值变动收益（损失以"−"号填列）			
投资收益（损失以"−"号填列）			
其中：对联营企业和合营企业的投资收益			
二、营业利润（亏损以"−"号填列）			
加：营业外收入			
减：营业外支出			

续表

项　目	行次	本期金额	上期金额
其中：非流动资产处置损失			
三、利润总额（亏损总额以"－"号填列）			
减：所得税费用			
四、净利润（净亏损以"－"号填列）			
五、每股收益：			
（一）基本每股收益			
（二）稀释每股收益			
六、其他综合收益			
七、综合收益总额			

6.3　现金流量表的编制

现金流量表是反映企业在一定会计期间现金和现金等价物流入和流出情况的报表，属于动态报表。通过现金流量表，可以反映企业一定会计期间内现金和现金等价物流入和流出的信息，以便于会计报表使用者了解和评价企业获取现金和现金等价物的能力，并据以预测企业未来现金流量。现金流量表以现金的收、支为基础，消除了由于会计核算所采用的估计因素的影响。通过现金流量表，可以了解现金流量的构成，分析企业偿还债务、支付股利及对外融资的能力，有助于分析企业收益质量及影响现金净流量的因素。

我国企业现金流量表采用报告式结构，分别反映经营活动产生的现金流量、投资活动产生的现金流量和筹资活动产生的现金流量，最后汇总反映企业某一期间现金及现金等价物的净增加额。现金流量表的格式和内容如表 6-3 所示。

表 6-3　现金流量表　　　　　　　　　　　　　　　　　会企 03 表

编制单位：　　　　　　　　　　___年___月　　　　　　　　　　单位：元

项　目	本期金额	上期金额
一、经营活动产生的现金流量		
销售商品、提供劳务收到的现金		
收到的税费返还		
收到其他与经营活动有关的现金		
经营活动现金流入小计		
购买商品、接受劳务支付的现金		
支付给职工及为职工支付的现金		
支付的各项税费		
支付其他与经营活动有关的现金		
经营活动现金流出小计		

续表

项　　目	本期金额	上期金额
经营活动产生的现金流量净额		
二、投资活动产生的现金流量		
收回投资收到的现金		
取得投资收益收到的现金		
处置固定资产、无形资产和其他长期资产收回的现金净额		
处置子公司及其他营业单位收到的现金净额		
收到其他与投资活动有关的现金		
投资活动现金流入小计		
购建固定资产、无形资产和其他长期资产支付的现金		
投资支付的现金		
取得子公司及其他营业单位支付的现金净额		
支付其他与投资活动有关的现金		
投资活动现金流出小计		
投资活动产生的现金流量净额		
三、筹资活动产生的现金流量		
吸收投资收到的现金		
取得借款收到的现金		
收到其他与筹资活动有关的现金		
筹资活动现金流入小计		
偿还债务支付的现金		
分配股利、利润或偿付利息支付的现金		
支付其他与筹资活动有关的现金		
筹资活动现金流出小计		
筹资活动产生的现金流量净额		
四、汇率变动对现金及现金等价物的影响		
五、现金及现金等价物净增加额		
加：期初现金及现金等价物余额		
六、期末现金及现金等价物余额		

6.4 实　　训

实训一　资产负债表的编制

1. 实训目的

通过资产负债表的编制，使学生熟悉资产负债表的基本结构和编制要求，掌握资产负债表编制的具体方法。

2. 实训资料

① 北京极光工业公司 2016 年 12 月有关总账的账户余额表如表 6–4 所示。

表 6–4　账户余额表

编制单位：北京极光工业公司　　　　　　2016 年 12 月 31 日　　　　　　　　　　　　单位：元

会计科目	12 月末借方余额	会计科目	12 月末贷方余额
库存现金	2 358.00	短期借款	20 000.00
银行存款	4 898 398.48	应付账款	288 252.00
以公允价值计量且其变动计入当期损益的金融资产	15 000.00	应付票据	41 343.00
应收账款	28 600.00	预收款项	70 000.00
应收票据	58 720.00	应付职工薪酬	117 423.30
预付款项	4 400.00	应交税费	231 605.87
库存商品	140 800.00	应付利息	70.00
固定资产	431 860.00	长期借款	209 080.00
无形资产	137 400.00	实收资本	1 200 000.00
投资性房地产	1 220 000.00	资本公积	4 010 000.00
递延所得税资产	500.00	盈余公积	93 135.34
		利润分配	527 766.97
		坏账准备	2 000.00
		累计折旧	107 160.00
		累计摊销	20 200.00

② 账户余额有关明细资料如下。

- 应收账款：借方余额 28 600 元，其中：

应收账款——宏发公司（借方）15 800 元；

应收账款——云台公司（借方）18 700 元；

应收账款——联盛公司（贷方）5 900 元。

- 应付账款：贷方余额 288 252 元，其中：

应付账款——金伟公司（贷方）133 400 元；

应付账款——裕泰公司（贷方）127 500 元；

应付账款——龙腾公司（贷方）80 000 元；

应付账款——恒生公司（借方）52 648 元。

- 预收款项：贷方余额 70 000 元，其中：

预收账款——益佰公司（贷方）70 000 元

- 预付款项：借方余额 4 400 元，其中：

预付账款——大通公司（借方）4 400 元

- 长期借款 209 080 元，为本期借入并于三年后还本的借款。

3. 实训要求

根据相关资料编制资产负债表（表6-5）。

4. 实训提示

① 编制资产负债表首先要收集、整理有关资料，并对这些资料进行认真审核，以保证资料真实、正确。

② 按照国家规定的表格形式和项目内容逐项填写。其中，资产负债表中的"年初余额"应根据上年末资产负债表"期末余额"栏内所列数字填列。"期末余额"栏内各项数据根据已试算平衡的总账和明细账的余额直接填列，或根据已试算平衡的总账和明细账的余额之差（或之和）计算分析填列。

表 6–5　资产负债表　　　　　　　　　　　　　　会企 01

编制单位：　　　　　　　　　　　　　年　　月　　　　　　　　　　　　单位：元

资　　产	行次	期末余额	年初余额	负债和股东权益	行次	期末余额	年初余额
流动资产：				流动负债：			
货币资金				短期借款			
以公允价值计量且其变动计入当期损益的金融资产				以公允价值计量且其变动计入当期损益的金融负债			
应收票据				应付票据			
应收账款				应付账款			
预付款项				预收款项			
应收利息				应付职工薪酬			
应收股利				应交税费			
其他应收款				应付利息			
存货				应付股利			
一年内到期的非流动资产				其他应付款			
其他流动资产				一年内到期的非流动负债			
流动资产合计				其他流动负债			
非流动资产：				流动负债合计			
可供出售金融资产				非流动负债：			
持有至到期投资				长期借款			
长期应收款				应付债券			
长期股权投资				长期应付款			
投资性房地产				专项应付款			
固定资产				预计负债			
在建工程				递延收益			
工程物资				递延所得税负债			
固定资产清理				其他非流动负债			
生产性生物资产				非流动负债合计			
无形资产				负债合计			
开发支出				所有者权益（或股东权益）：			
商誉				实收资本（或股本）			
长期待摊费用				资本公积			

续表

资产	行次	期末余额	年初余额	负债和股东权益	行次	期末余额	年初余额
递延所得税资产				减：库存股			
其他非流动资产				其他综合收益			
非流动资产合计				盈余公积			
资产总计				未分配利润			
				所有者权益（或股东权益）合计			
				负债和所有者权益（或股东权益）总计			

实训二 利润表的编制

1. 实训目的

通过利润表的编制，使学生熟悉利润表的基本结构和编制要求，掌握利润表编制的具体方法。

2. 实训资料

新艺贸易有限公司 2016 年 12 月份损益类账户发生额如表 6-6 所示。

表 6-6 新艺贸易有限公司 2016 年 12 月份损益类账户发生额 单位：元

账户名称	12月份发生额
主营业务收入	72 992 453
其他业务收入	18 248 114
营业外收入	52 135
主营业务成本	51 151 028
销售费用	3 660 685
税金及附加	5 131 135
其他业务成本	12 787 757
管理费用	6 784 885
财务费用	177 835
营业外支出	127 135
所得税费用	2 652 871
资产减值损失	435 385
公允价值变动损益	480 000
投资收益	3 432 423

3. 实训要求

根据相关资料编制新艺贸易有限公司 2016 年 12 月份的利润表（表 6-7）。

4. 实训提示

① 编制利润表首先要收集、整理有关资料,并对这些资料进行认真审核,以保证资料真实、正确。

② 按照国家规定的表格形式和项目内容逐项填写。

表6–7 现金流量表　　　　　　　　　　　　会企02表

编制单位:　　　　　　　　　　　　　年　　月　　　　　　　　　　　　　　单位:元

项　　目	行次	本期金额	上期金额
一、营业收入			
减:营业成本			
税金及附加			
销售费用			
管理费用			
财务费用			
资产减值损失			
加:公允价值变动收益(损失以"-"号填列)			
投资收益(损失以"-"号填列)			
其中:对联营企业和合营企业的投资收益			
二、营业利润(亏损以"-"号填列)			
加:营业外收入			
减:营业外支出			
其中:非流动资产处置损失			
三、利润总额(亏损总额以"-"号填列)			
减:所得税费用			
四、净利润(净亏损以"-"号填列)			
五、每股收益:			
(一)基本每股收益			
(二)稀释每股收益			
六、其他综合收益			
七、综合收益总额			

实训三　现金流量表的编制

1. 实训目的

通过现金流量表的编制,使学生熟悉现金流量表的基本结构和编制要求,掌握现金流量表编制的具体方法。

2. 实训资料

① 北京化工有限公司2016年12月份的库存现金日记账、银行存款日记账如表6–8~表6–10所示。

表 6-8 库存现金日记账

2016年		凭证		摘要	借方	贷方	余额
月	日	种类	号数				
12	01			承前页	770 000	77 224	3 650
12	10	记	12	报销差旅费		2 600	1 050
12	10	记	13	提取备用金	26 800		27 850
12	16	记	21	报销业务招待费		1 950	25 900
12	16	记	22	员工借款		1 600	24 300
				本月合计	26 800	6 150	24 300
				本年累计	796 800	83 374	24 300
				结转下年			24 300

表 6-9 银行存款日记账

2016年		凭证		摘要	借方	贷方	余额
月	日	种类	号数				
12	01			承前页	6 276 534.02	5 221 143.19	2 228 985.25
12	01	记	01	对外投资		1 224 000.00	1 004 985.25
12	02	记	02	支付广告费		4 876.00	1 000 109.25
12	04	记	04	收到租金	3 744.00		1 003 853.25
12	05	记	06	购买非专利技术		216 015.50	787 837.75
12	06	记	07	购入包装盒		12 636.00	775 201.75
12	10	记	10	固定资产处置收入	21 060.00		796 261.75
12	10	记	13	提取备用金		26 800.00	769 461.75
12	12	记	14	支付上月水费		2 847.60	766 614.15
12	12	记	15	支付上月电费		6 084.00	760 530.15
12	12	记	18	捐赠支出		35 000.00	725 530.15
12	13	记	20	发放工资		192 389.80	533 140.35
12	13	记	21	缴纳住房公积金		49 000.00	484 140.35
12	13	记	33	缴纳税费		145 259.40	338 880.95
12	14	记	38	缴纳社保及工会经费		95 060.00	243 820.95
12	14	记	44	销售商品	737 100.00		980 920.95
12	14	记	45	预付材料款		163 140.50	817 780.45
12	15	记	50	支付律师咨询费		6 360.00	811 420.45
				过次页	7 038 438.02	7 400 611.99	811 420.45

表 6–10 银行存款日记账

2016年		凭证		摘要	借方	贷方	余额
月	日	种类	号数				
				承前页	7 038 438.02	7 400 611.99	811 420.45
12	21	记	58	收到存款利息	778.58		812 199.03
12	21	记	66	票据贴现	405 168.19		1 217 367.22
12	21	记	68	支付专项借款利息		12 400.00	1 204 967.22
12	24	记	75	收到前欠货款	716 880.00		1 921 847.22
12	24	记	77	报销电话费		656.78	1 921 190.44
12	25	记	82	购买保温杯、发放福利		4 380.00	1 916 810.44
12	25	记	84	收回保险赔偿款	8 300.00		1 925 110.44
12	27	记	86	支付前欠货款		73 322.70	1 851 787.74
12	28	记	90	销售原材料	13 162.50		1 864 950.24
12	30	记	92	支付职工培训费		6 637.50	1 858 312.74
12	31	记	96	收到现金股利	30 000.00		1 888 312.74
12	31	记	98	预缴第四季度所得税		261 500.00	1 626 812.74
				本月合计	1 936 193.27	2 538 365.78	1 626 812.74
				本年累计			1 626 812.74
				结转下年			1 626 812.74

② 北京化工有限公司现金流量表编制补充资料

● 12月1日（记字01号凭证），企业发生对外投资支付价款中包含30 000元对方已宣告但尚未发放的现金股利。

● 12月5日（记字06号凭证），企业支付对价中包含银行汇款手续费15.5元。

● 12月12日（记字14号和15凭证），企业支付的水费和电费由管理部门承担的金额分别为949.2元和2 340元，剩余部分均由生产部门承担。

● 12月13日（记字33号凭证），企业缴纳的税费中包含个人所得税1 160.2元。

● 12月14日（记字45号凭证），企业预付货款发生汇款手续费15.5元。

● 12月27日（记字86号凭证），企业支付前欠货款发生汇款手续费10.5元。

3. 实训要求

请根据给出的资料编制企业本期现金流量表（表6–11）。

4. 实训提示

① 现金流量表是以现金及现金等价物为基础编制的，企业应当采用直接法列示经营活动产生的现金流量。直接法是指通过现金收入和现金支出的主要类别直接反映经营活动产生的现金流量。

② 现金流量表的主要内容包括经营活动产生的现金流量、投资活动产生的现金流量

和筹资活动产生的现金流量。经营活动产生的现金流量应当按照经营活动的现金流入和流出的性质分项列示；投资活动产生的现金流量应当按照投资活动的现金流入和流出的性质分项列示；筹资活动产生的现金流量应当按照筹资活动的现金流入和流出的性质分项列示。

表 6–11　现金流量表

会企 03 表

编制单位：　　　　　　　　　　　　　　　年　　月　　　　　　　　　　　　　　单位：元

项　目	本期金额	上期金额
一、经营活动产生的现金流量		
销售商品、提供劳务收到的现金		
收到的税费返还		
收到其他与经营活动有关的现金		
经营活动现金流入小计		
购买商品、接受劳务支付的现金		
支付给职工以及为职工支付的现金		
支付的各项税费		
支付其他与经营活动有关的现金		
经营活动现金流出小计		
经营活动产生的现金流量净额		
二、投资活动产生的现金流量：		
收回投资收到的现金		
取得投资收益收到的现金		
处置固定资产、无形资产和其他长期资产收回的现金净额		
处置子公司及其他营业单位收到的现金净额		
收到其他与投资活动有关的现金		
投资活动现金流入小计		
购建固定资产、无形资产和其他长期资产支付的现金		
投资支付的现金		
取得子公司及其他营业单位支付的现金净额		
支付其他与投资活动有关的现金		
投资活动现金流出小计		
投资活动产生的现金流量净额		
三、筹资活动产生的现金流量		
吸收投资收到的现金		
取得借款收到的现金		
收到其他与筹资活动有关的现金		
筹资活动现金流入小计		
偿还债务支付的现金		
分配股利、利润或偿付利息支付的现金		

续表

项　　目	本期金额	上期金额
支付其他与筹资活动有关的现金		
筹资活动现金流出小计		
筹资活动产生的现金流量净额		
四、汇率变动对现金及现金等价物的影响		
五、现金及现金等价物净增加额		
加：期初现金及现金等价物余额		
六、期末现金及现金等价物余额		

第7章

会计综合模拟实训

1. 会计主体基本情况

- 企业名称：北京化工有限公司
- 公司性质：有限责任公司
- 纳税人识别号：911101085905444591
- 开户行、账号：交通银行北京分行 020000100901213644121
- 地　址、电　话：北京市海淀区西苑三里08号　01083847491
- 纳税人性质：增值税一般纳税人（税率17%）
- 其他：批发企业

2. 根据北京化工有限公司2016年12月份发生的经济业务进行相应的业务训练

（1）现金支票的填写

2016年12月1日，北京化工有限公司出纳人员提取备用金1 000元，请填写现金支票。现金支票如凭7-1所示。

（2）提现业务

2016年12月1日，承（1），请根据原始凭证编制凭证[①]。现金支票存根如凭7-2所示。

（3）收到货款业务

2016年12月1日，北京化工有限公司收到氨纶股份有限公司前欠的货款，请根据原始凭证填写凭证。银行进账单如凭7-3所示。

（4）取得借款业务

2016年12月2日，北京化工有限公司借入资金100 000元用于生产周转。请根据原始凭证填写凭证。借款借据、借款合同（复印件）如凭7-4、凭7-5所示。

（5）购入固定资产业务

2016年12月4日，北京化工有限公司购入计算机一台，请根据原始凭证填写凭证。固定资产验收单、增值税普通发票、电汇凭证如凭7-6、凭7-7、凭7-8所示。

---

① 空白凭证在本章章末。

第7章 会计综合模拟实训

（6）收回职工借款余额业务

2016年12月6日，北京化工有限公司收回陈红借款余额，请根据原始凭证填写收回职工借款余额的凭证。还款凭证如凭7-9所示。

（7）购料业务

2016年12月7日，北京化工有限公司向武进市卫星化学试剂厂购买材料，请根据原始凭证填写凭证。收料单、增值税专用发票、电汇凭证如凭7-10、凭7-11、凭7-12所示。

（8）偿付账款业务

2016年12月8日，北京化工有限公司偿还前欠联发实业有限公司的材料款，请根据原始凭证填写凭证。银行进账单、转账支票存根如凭7-13、凭7-14所示。

（9）预付购货款

2016年12月9日，北京化工有限公司向北京市南海化工厂购买一批原材料，请根据原始凭证填写凭证（预付款项通过"预付账款"科目核算）。银行进账单、转账支票存根如凭7-15、凭7-16所示。

（10）职工借款业务

2016年12月10日，北京化工有限公司职工王明向公司借款，以现金支付，请根据原始凭证填写凭证。借款单如凭7-17所示。

（11）缴纳税款业务

2016年12月11日，北京化工有限公司交纳上月增值税和附加税，请根据原始凭证填写凭证。电子缴税回单如凭7-18、凭7-19所示。

（12）出差报销业务

2016年12月14日，北京化工有限公司职工王明报销差旅费，请根据原始凭证填写凭证。差旅费报销单、出租车票、增值税普通发票如凭7-20～凭7-23所示。

（13）收到职工借款余额业务

2016年12月14日，北京化工有限公司职工王明报销差旅费之后归还借款余额，请根据原始凭证填写归还借款余额的凭证。还款凭证如凭7-24所示。

（14）收到货款业务

2016年12月15日，北京化工有限公司收到北京鲁光发展有限公司前欠货款2 000元，请根据原始凭证填写凭证。银行进账单如凭7-25所示。

（15）提现业务

2016年12月15日，北京化工有限公司出纳人员提取现金90 000元备发工资，请根据原始凭证填写凭证。现金支票存根如凭7-26所示。

（16）发放工资业务

2016年12月15日，承（15），北京化工有限公司以本日提取的现金发放工资，请根据原始凭证填写凭证。工资表如凭7-27所示。

（17）购料业务

2016年12月17日，北京化工有限公司购入原材料乙烯，请根据原始凭证填写凭证。收料单、增值税专用发票、银行业务回单如凭7-28、凭7-29、凭7-30所示。

（18）支付通信费业务

2016年12月18日，北京化工有限公司以现金支付公司总经理手机费（明细列为通信费），请根据原始凭证填写凭证。报销单、增值税普通发票如凭7-31、凭7-32所示。

（19）购日常用品业务

2016年12月19日，北京化工有限公司销售科购买汽油，请根据原始凭证填写凭证。银行进账单、转账支票存根、增值税普通发票、报销单如凭7-33、凭7-34、凭7-35、凭7-36所示。

（20）销售业务

2016年12月19日，北京化工有限公司向济南市中福公司销售甘油丙烯醚产品，请根据原始凭证填写凭证。银行业务回单、增值税专用发票、销售单如凭7-37、凭7-38、凭7-39所示。

（21）归还短期借款业务

2016年12月20日，北京化工有限公司归还短期借款本息，请根据原始凭证填写凭证。银行进账单、转账支票存根、贷款利息清单如凭7-40、凭7-41、凭7-42所示。

（22）销售业务

2016年12月21日，北京化工有限公司向北京百货公司销售产品，款项尚未收到，请根据原始凭证填写凭证。增值税专用发票、销售单如凭7-43、凭7-44所示。

（23）固定资产捐赠业务

2016年12月22日，北京化工有限公司接受捐赠固定资产，请根据原始凭证作出会计处理。增值税普通发票、固定资产验收单如凭7-45、凭7-46所示。

（24）支付广告费业务

2016年12月23日，北京化工有限公司向北京日报社支付广告费，请根据原始凭证填写凭证。银行进账单、转账支票存根、增值税专用发票如凭7-47、凭7-48、凭7-49所示。

（25）销售业务

2016年12月28日，北京化工有限公司向济南市中福公司销售二丙烯基醚，请根据原始凭证填写凭证。银行业务回单、增值税专用发票、销售单如凭7-50、凭7-51、凭7-52所示。

（26）材料盘点业务

2016年12月29日，上月发生的原材料盘亏经审批确认由过失人王浩赔偿，请根据原始凭证填写凭证。审批文件如凭7-53所示。

（27）收到商业承兑汇票业务

2016年12月30日，承（22），收到北京百货公司商业承兑汇票抵付前欠货款，请根据原始凭证填写凭证。商业承兑汇票复印件如凭7-54所示。

（28）存现业务

2016年12月30日，北京化工有限公司将现金送存银行，请根据原始凭证填写凭证。现金解款单（回单）如凭7-55所示。

（29）收到存款利息业务

2016年12月31日，北京化工有限公司收到银行存款利息回单，请根据原始凭证填写凭证（提示：利息收入不做借方红字处理，直接计入贷方）。存款利息清单如凭 7–56 所示。

（30）计提折旧业务

2016 年 12 月 31 日，北京化工有限公司计提折旧费，请根据原始凭证填写凭证（该公司采用直线法计提折旧）。折旧费计提表如凭 7–57 所示。

（31）计提工资费用业务

2016 年 12 月 31 日，北京化工有限公司分配本月工资，请根据原始凭证填写凭证（提示：生产成本二级科目按"基本生产成本、辅助生产成本"设，三级科目按产品名称设）。工资分配表如凭 7–58 所示。

（32）转出未交增值税

2016 年 12 月 31 日，转出未交增值税，请根据相关资料编制相关凭证。转出未交增值税计算表如凭 7–59 所示。

（33）生产领料业务

2016 年 12 月 31 日，北京化工有限公司财务部门根据相关资料编制分配材料的记账凭证（提示：生产成本二级科目按"基本生产成本、辅助生产成本"设，三级科目按产品名称设）。领料单、材料领用成本计算单、原材料分配表如凭 7–60～凭 7–64 所示。

（34）制造费用分配业务

2016 年 12 月 31 日，北京化工有限公司财务部门根据相关资料编制分配制造费用的记账凭证（提示：生产成本二级科目按"基本生产成本、辅助生产成本"设，三级科目按产品名称设）。制造费用分配表、制造费用明细表如凭 7–65、凭 7–66 所示。

（35）完工产品结转业务

2016 年 12 月 31 日，北京化工有限公司本月产品部分完工验收入库，结转完工入库产品成本。请根据原始凭证编制凭证。入库单、产品成本计算表如凭 7–67、凭 7–68、凭 7–69 所示。

（36）结转销售成本业务

2016 年 12 月 31 日，北京化工有限公司结转已销售产品成本。请根据原始凭证编制凭证。出库单、销售成本计算表如凭 7–70～凭 7–73 所示。

（37）计提税金及附加业务

2016 年 12 月 31 日，北京化工有限公司财务部门计算本月应负担的税金及附加，按明细进行计提。请根据原始凭证编制凭证。城建税等计提表如凭 7–74 所示。

（38）结转收入类账户

2016 年 12 月 31 日，根据上述相关分录编制汇总结转本期损益类（收入利得）账户的凭证。

（39）结转费用类账户

2016 年 12 月 31 日，根据相关分录编制汇总结转费用类账户到本年利润账户的凭证（管理费用、销售费用要写出明细科目，财务费用汇总结转且该科目余额若在贷方不作红字处理，结转时计该科目借方）。

（40）结转成本类账户

2016 年 12 月 31 日，根据上述相关分录编制结转成本类账户、税金及附加到本年利润账户的凭证。

(41) 所得税业务

2016年12月31日，承 (38) ~ (40)，编制北京化工有限公司计提12月份应交所得税的凭证（所得税税率是25%）。

(42) 结转所得税业务

2016年12月31日，承 (41)，编制结转所得税费用到本年利润账户的凭证。

(43) 结转本年利润业务

2016年12月31日，承 (38)、(39)、(40)、(42)，编制将本年利润账户的余额转入"利润分配——未分配利润"账户的凭证。

(44) 编制科目汇总表

2016年12月31日，北京化工有限公司根据上述有关分录编制本月的科目汇总表。

(45) "库存现金"总账登账

2016年12月初，北京化工有限公司库存现金总账（承前页）借方本年累计发生额为1 016 960元，贷方本年累计发生额为1 016 041.80元，期初借方余额为1 790元；2016年12月31日，根据 (44) 编制的科目汇总表登记库存现金总账（为简化处理，登账时本年累计暂不处理，下同）。

(46) "银行存款"总账登账

2016年12月初，北京化工有限公司银行存款总账（承前页）借方本年累计发生额为3 086 571.83元，贷方本年累计发生额为3 155 701.11元，期初借方余额为165 000元；2016年12月31日，根据 (44) 编制的科目汇总表登记银行存款总账。

(47) "其他货币资金"总账登账

2016年12月初，北京化工有限公司其他货币资金总账（承前页）借方本年累计发生额为6 500元，贷方本年累计发生额为7 500元，期初借方余额为500元；2016年12月31日，根据 (44) 编制的科目汇总表登记其他货币资金总账。

(48) "应收账款"总账登账

2016年12月初，北京化工有限公司应收账款总账（承前页）借方本年累计发生额为387 400元，贷方本年累计发生额为470 000元，期初借方余额为88 000元；2016年12月31日，根据 (44) 编制的科目汇总表登记应收账款总账。

(49) "其他应收款"总账登账

2016年12月初，北京化工有限公司其他应收款总账（承前页）借方本年累计发生额为28 680元，贷方本年累计发生额为32 720元，期初借方余额为1 550元；2016年12月31日，根据 (44) 编制的科目汇总表登记其他应收款总账。

(50) "应收票据"总账登账

2016年12月初，北京化工有限公司应收票据总账（承前页）借方本年累计发生额为120 000元，贷方本年累计发生额为125 000元，无期初余额；2016年12月31日，根据 (44) 编制的科目汇总表登记应收票据总账。

(51) "原材料"总账登账

2016年12月初，北京化工有限公司原材料总账（承前页）借方本年累计发生额为913 770.14元，贷方本年累计发生额为958 200元，期初借方余额为349 000元；2016

年 12 月 31 日，根据（44）编制的科目汇总表登记原材料总账。

（52）"库存商品"总账登账

2016 年 12 月初，北京化工有限公司库存商品总账（承前页）借方本年累计发生额为 379 060 元，贷方本年累计发生额为 377 000 元，期初借方余额为 50 000 元；2016 年 12 月 31 日，根据（44）编制的科目汇总表登记库存商品总账。

（53）"固定资产"总账登账

2016 年 12 月初，北京化工有限公司固定资产总账（承前页）借方本年累计发生额为 432 000 元，期初借方余额为 628 000 元；2016 年 12 月 31 日，根据（44）编制的科目汇总表登记固定资产总账。

（54）"累计折旧"总账登账

2016 年 12 月初，北京化工有限公司累计折旧总账（承前页）贷方本年累计发生额为 134 000 元，期初贷方余额为 230 000 元；2016 年 12 月 31 日，根据（44）编制的科目汇总表登记累计折旧总账。

（55）"生产成本"总账登账

2016 年 12 月初，北京化工有限公司生产成本总账（承前页）借方本年累计发生额为 3 887 728.68 元，贷方本年累计发生额为 4 023 658.34 元，期初借方余额为 39 000 元；2016 年 12 月 31 日，根据（44）编制的科目汇总表登记生产成本总账。

（56）"待处理财产损溢"总账登账

2016 年 12 月初，北京化工有限公司待处理财产损溢总账（承前页）借方本年累计发生额为 2 000 元，贷方本年累计发生额为 2 600 元，期初借方余额为 580 元；2016 年 12 月 31 日，根据（44）编制的科目汇总表登记待处理财产损溢总账。

（57）"预付账款"总账登账

2016 年 12 月初，北京化工有限公司预付账款总账（承前页）借方本年累计发生额为 4 000 元，期初借方余额为 257 500 元；2016 年 12 月 31 日，根据（44）编制的科目汇总表登记总账。

（58）"制造费用"总账登账

2016 年 12 月初，北京化工有限公司制造费用总账（承前页）借方本年累计发生额为 645 955.76 元，贷方本年累计发生额为 645 955.76 元，无期初余额；2016 年 12 月 31 日，根据（44）编制的科目汇总表登记制造费用总账。

（59）"短期借款"总账登账

2016 年 12 月初，北京化工有限公司短期借款总账（承前页）借方本年累计发生额为 421 000 元，贷方本年累计发生额为 96 000 元，期初贷方余额为 41 000 元；2016 年 12 月 31 日，根据（44）编制的科目汇总表登记短期借款总账。

（60）"应付账款"总账登账

2016 年 12 月初，北京化工有限公司应付账款总账（承前页）借方本年累计发生额为 135 000 元，贷方本年累计发生额为 106 900 元，期初贷方余额为 16 000 元；2016 年 12 月 31 日，根据（44）编制的科目汇总表登记应付账款总账。

（61）"其他应付款"总账登账

2016 年 12 月初，北京化工有限公司其他应付款总账（承前页）借方本年累计发生额为 5 000 元，贷方本年累计发生额为 4 200 元，期初贷方余额为 750 元；2016 年 12 月 31 日，根据（44）编制的科目汇总表登记其他应付款总账。

（62）"应付职工薪酬"总账登账

2016 年 12 月初，北京化工有限公司应付职工薪酬总账（承前页）借方本年累计发生额为 1 020 000 元，贷方本年累计发生额为 1 029 548.40 元，期初贷方余额为 97 000 元；2016 年 12 月 31 日，根据（44）编制的科目汇总表登记应付职工薪酬总账。

（63）"应付票据"总账登账

2016 年 12 月初，北京化工有限公司应付票据总账（承前页）借方本年累计发生额为 34 500 元，贷方本年累计发生额为 30 000 元，期初贷方余额为 5 220 元；2016 年 12 月 31 日，根据（44）编制的科目汇总表登记应付票据总账。

（64）"应交税费"总账登账

2016 年 12 月初，北京化工有限公司应交税费总账（承前页）借方本年累计发生额为 324 600.97 元，贷方本年累计发生额为 246 581.97 元，期初贷方余额为 39 650 元；2016 年 12 月 31 日，根据（44）编制的科目汇总表登记应交税费总账。

（65）"实收资本"总账登账

2016 年 12 月初，北京化工有限公司实收资本总账（承前页）贷方本年累计发生额为 171 000 元，期初贷方余额为 571 000 元；2016 年 12 月 31 日，根据（44）编制的科目汇总表登记实收资本总账。

（66）"资本公积"总账登账

2016 年 12 月初，北京化工有限公司资本公积总账（承前页）贷方本年累计发生额为 169 000 元，期初贷方余额为 218 000 元；2016 年 12 月 31 日，根据（44）编制的科目汇总表登记资本公积总账。

（67）"盈余公积"总账登账

2016 年 12 月初，北京化工有限公司盈余公积上年末贷方余额为 300 000 元；假设年初忘记结转，请补登盈余公积总账。

（68）"利润分配"总账登账

2016 年 12 月初，北京化工有限公司利润分配总账（承前页）贷方本年累计发生额为 50 300 元，期初贷方余额为 62 300 元；2016 年 12 月 31 日，根据（44）编制的科目汇总表登记利润分配总账。

（69）"主营业务收入"总账登账

2016 年 12 月初，北京化工有限公司主营业务收入总账（承前页）借方本年累计发生额为 1 005 000 元，贷方本年累计发生额为 1 005 000 元，无期初余额；2016 年 12 月 31 日，根据（44）编制的科目汇总表登记主营业务收入总账。

（70）"营业外收入"总账登账

2016 年 12 月初，北京化工有限公司营业外收入总账（承前页）借方本年累计发生额为 31 600 元，贷方本年累计发生额为 31 600 元，无期初余额；2016 年 12 月 31 日，根据（44）编制的科目汇总表登记营业外收入总账。

（71）"主营业务成本"总账登账

2016 年 12 月初，北京化工有限公司主营业务成本总账（承前页）借方本年累计发生额为 496 000 元，贷方本年累计发生额为 496 000 元，无期初余额；2016 年 12 月 31 日，根据（44）编制的科目汇总表登记主营业务成本总账。

（72）"税金及附加"总账登账

2016 年 12 月初，北京化工有限公司税金及附加总账（承前页）借方本年累计发生额为 2 300.97 元，贷方本年累计发生额为 2 300.97 元，无期初余额；2016 年 12 月 31 日，根据（44）编制的科目汇总表登记税金及附加总账。

（73）"所得税费用"总账登账

2016 年 12 月初，北京化工有限公司所得税费用总账（承前页）借方本年累计发生额为 79 681 元，贷方本年累计发生额为 79 681 元，无期初余额；2016 年 12 月 31 日，根据（44）编制的科目汇总表登记所得税费用总账。

（74）"管理费用"总账登账

2016 年 12 月初，北京化工有限公司管理费用总账（承前页）借方本年累计发生额为 149 487 元，贷方本年累计发生额 149 487 元，无期初余额；2016 年 12 月 31 日，根据（44）编制的科目汇总表登记管理费用总账。

（75）"销售费用"总账登账

2016 年 12 月初，北京化工有限公司销售费用总账（承前页）借方本年累计发生额为 59 360 元，贷方本年累计发生额为 59 360 元，无期初余额；2016 年 12 月 31 日，根据（44）编制的科目汇总表登记销售费用总账。

（76）"财务费用"总账登账

2016 年 12 月初，北京化工有限公司财务费用总账（承前页）借方本年累计发生额为 24 700 元，贷方本年累计发生额为 24 700 元，无期初余额；2016 年 12 月 31 日，根据（44）编制的科目汇总表登记财务费用总账。

（77）"本年利润"总账登账

2016 年 12 月初，北京化工有限公司本年利润总账（承前页）借方本年累计发生额为 1 032 200 元，贷方本年累计发生额为 1 032 200 元，无期初余额；2016 年 12 月 31 日，根据（44）编制的科目汇总表登记本年利润总账。

（78）"库存现金"日记账登账及结账处理

2016 年 12 月，根据所填制的记账凭证登记库存现金日记账并进行月结处理［库存现金（承前页）借方累计发生额为 1 016 960 元，贷方累计发生额为 1 016 041.80 元，期初余额为借方 1 790 元］。

（79）"银行存款"日记账登账及结账处理

2016 年 12 月份，根据所填制的记账凭证登记银行存款日记账并进行月结、年结处理［银行存款（承前页）借方累计发生额为 3 086 571.83 元，贷方累计发生额为 3 155 701.11 元，期初余额为借方 165 000 元］。

（80）"原材料"明细账登账

2016 年 12 月份，根据本期发生的经济业务登记"原材料——丙酮"数量金额式明细账，并进行月结、年结处理。已知丙酮（承前页）收入：本年累计发生额为 5 169.402 8 千克，单价为 50 元/千克，总价为 258 470.14 元；发出：本年累计发生额为 14 090 千克，单价为 50 元/千克，总价为 704 500 元；期初结存额为 4 820 千克，单价为 50 元/千克，总价为 241 000 元。

（81）"应收账款"明细账登账及结账处理

2016 年 12 月份，根据本期发生的经济业务登记"应收账款——氨纶股份"明细账并进行月结、年结处理。已知"应收账款——氨纶股份"账户（承前页）借方本年累计发生额为 102 500 元，贷方本年累计发生额为 114 700 元，期初余额为借方 6 000 元。

（82）"管理费用"明细账登账

2016 年 12 月份，根据所填制的记账凭证登记管理费用多栏式明细账，并进行月结、年结处理。

（83）资产负债表的编制

根据总账及明细账编制北京化工有限公司 2016 年 12 月份的资产负债表（制表人：郭京萍）。资产负债表年初数据如表 7-1 所示。

表 7-1 资产负债表年初数据　　　　　　　　　　单位：元

会计科目	年初数	会计科目	年初数
库存现金	871.80	短期借款	366 000.00
银行存款	234 129.28	应付账款	44 100.00
其他货币资金	1 500.00	其他预付款	1 550.00
应收账款	170 600.00	应付职工薪酬	87 451.60
其他应收款	5 590.00	应付票据	9 720.00
应收票据	5 000.00	应交税费	117 669.00
原材料	393 429.86	实收资本	400 000.00
库存商品	47 940.00	资本公积	49 000.00
生产成本	174 929.66	盈余公积	300 000.00
固定资产	196 000.00	利润分配	12 000.00
累计折旧	96 000.00		
预付款项	253 500.00		
合　　计	1 387 490.60	合　　计	1 387 490.60

（84）利润表的编制

根据总账及明细账编制北京化工有限公司 2016 年 12 月份的利润表（制表人：郭京萍）。

凭 7-1

交通银行 现金支票存根 No30101122 23097211	交通银行现金支票 30101122　23097211
附加信息：_____ 出票日期　年　月　日 收款人：_____ 金额：_____ 用途：_____ 单位主管　　　会计	出票日期（大写）　年　月　日　　付款行名称：交通银行北京分行 收款人：_____　　出票账号：020000100901213644121 人民币（大写）　千百十万千百十元角分 用途：_____　　密码 _____ 上列款项请从　　　　　行号 _____ 我账户内支付 出票人签章　　　　复核　　　　记账

付款期限自出票之日起十天

凭 7-2

交通银行
现金支票存根
No30101122
　23097211

附加信息：_____
出票日期 2016 年 12 月 01 日
收款人：北京化工有限公司

金额：¥1 000.00
用途：备用金

单位主管　　　会计

凭 7-3

交通银行进账单（收账通知）3

2016 年 12 月 01 日

出票人	全　称	氨纶股份有限公司	收款人	全　称	北京化工有限公司	此联是收款人开户银行交给收款人的收款通知
	账　号	765403208908091001		账　号	020000100901213644121	
	开户银行	中国银行北京分行		开户银行	交通银行北京分行	
金额	人民币陆仟元整 （大写）				亿千百十万千百十元角分 　　　　　¥ 6 0 0 0 0 0	
票据种类		票据张数		交通银行北京分行 2016.12.01 转讫		
票据号码						
复核　　　记账					开户银行签章	

凭 7-4

借款借据（收账通知）

借款日期　　　　　　　2016 年 12 月 02 日　　　　　　　借据编号 201837

收款单位	全　称	北京化工有限公司	付款单位	全　称	交通银行北京分行
	账　号	020000100901213644121		账　号	020000100901213644129
	开户银行	交通银行北京分行		开户银行	交通银行北京分行

借款金额	人民币（大写）壹拾万元整	亿	千	百	十	万	千	百	十	元	角	分
					¥	1	0	0	0	0	0	0	0

借款原因及用途	生产周转	借款期限	2016 年 12 月 02 日至 2017 年 06 月 01 日

你单位上列借款，已转入你单位转账账户内。　　　　此致
　　　　　　　　　　　　　　　　　　　　（银行盖章）

凭 7-5

借 款 合 同

借款单位：（以下简称借款方）北京化工有限公司
贷款单位：（以下简称贷款方）交通银行北京分行

　　借款方为生产周转需要，特向贷款方申请借款，经贷款方审核同意发放，为明确双方责任，恪守信用，特签订本合同，共同遵守。

　　第一，借款方向贷款方借款人民币（大写）壹拾万元整，期限六个月，从 2016 年 12 月 02 日至 2017 年 06 月 01 日，年利率为 4%，自支用贷款之日起，按月计算利息，按季结息，到期日还本金。

　　第二，贷款方应如期向借款方发放贷款，否则，按违约数额和延期天数，付给借款方违约金，违约金数额的计算，与逾期贷款罚息相同，即为 1%。

　　第三，借款方应按合同使用贷款，不得转移用途，否则，贷款方有权提前终止合同。

　　第四，借款方保证按借款合同所定期限归还贷款本息，如需延期，借款方应在贷款到期前三天，提出延期申请，经贷款方同意，办理延期手续，但延期最长不得超过原订合同期限的一半，贷款方未同意延期或未办理延期手续的逾期贷款，加收罚息。

　　第五，借款方以房产（价值 500 万元）作为借款抵押，房产证件由贷款方保管（或公证机关保管），公证费由借款方负担。

　　第六，贷款到期，借款方未归还贷款，又未办理延期手续，贷款方有权依照法律程序处理借款方作为贷款抵押的物资和财产，返还借款本息。

　　第七，本合同正本 2 份，借、贷方各执一份。

　　第八，本合同自签订之日起生效，贷款本息全部结清后失效。

借款单位：北京化工股份有限公司（签章）　　　贷款单位：交通银行北京分行（签章）
签约日期：2016 年 12 月 1 日　　　　　　　　　签约日期：2016 年 12 月 1 日

凭 7-6

固定资产验收单

2016 年 12 月 04 日　　　　　　　　　　　　　　　　　　　　编号：12013

名称	规格型号	来源	数量	购（造价）	使用年限	预计残值
计算机		外购	1	4 500.00	5	0
安装费	月折旧率	建造单位		交工日期	附件	
	1.67%			2016 年 12 月 04 日		
验收部门	刘丽	验收人员	宫强	管理部门	梁超	管理人员	王菲
备注							

审核：梁明　　　　　　　　　　　　　　　　　　　　　　　　　制单：崔亮

凭 7-7

上海增值税普通发票

No71962857

开票日期：2016 年 12 月 04 日

购货单位	名　　　称：北京化工有限公司	密码区	（略）
	纳税人识别号：911101085905444591		
	地　址、电　话：北京市海淀区西苑三里 08 号　01083847491		
	开户行及账号：交通银行北京分行　020000100901213644121		

货物或应税劳务名称	规格型号	单位	数量	单价	金额	税率	税额
计算机		台	1.00	4 368.93	4 368.93	3%	131.07
合计					¥4 368.93		¥131.07

价税合计（大写）	⊗肆仟伍佰元整	¥4 500.00	
销货单位	名　　　称：上海兴才电子公司	备注	
	纳税人识别号：913101065605483516		
	地　址、电　话：上海市静安路 56 号　02188673229		
	开户行及账号：中国建设银行上海分行　87654500357245006004		

收款人：　　　　　复核：　　　　　开票人：刘芳　　　　　销售方（章）：

凭 7-8

交通银行电汇凭证（回单）1

☐普通 ☐加急   委托日期 2016 年 12 月 04 日

汇款人	全 称	北京化工有限公司	收款人	全 称	上海兴才电子公司
	账 号	0200001009012136 44121		账 号	87654500357245006004
	汇出地点	省 北京 市/县		汇入地点	省 上海 市/县
	汇出行名称	交通银行北京分行		汇入行名称	中国建设银行上海分行

金额	人民币（大写）肆仟伍佰元整	千	百	十	万	千	百	十	元	角	分
					¥	4	5	0	0	0	0

交通银行北京分行
2016.12.04
转
汇出行签章

支付密码：

附加信息及用途：
购买计算机

复核：　　　　　　记账：

凭 7-9

还 款 凭 证

借款日期：2016 年 11 月 03 日　　　　　　　　　　　　　　　　　第 1 号

借款原因：购买办公用品	借款人 签章：陈红
借款 大写金额：壹佰元整 ¥ 100.00	现金收讫	左列款项已于 12 月 06 日全部结清 报销数¥80.00_____ 退还数¥20.00_____ 补付数¥_____

凭 7-10

收 料 单

2016 年 12 月 07 日　　　　　　　　　　　　　　　　　　　　编码：62465904

材料编号	材料名称	规格	材质	单位	数量		实际单价	材料金额	运杂费	合计（材实际成本）
					应收	实收				
01	丙酮			千克	460	460				

供货单位	武进市卫星化学试剂厂	结算方法	信汇付款	合同号	WS11	计划单价		材料计划成本	
备注									

主管：陈亮　　　　质量检验员：李鑫　　　　仓库验收：王明　　　　经办人：江涛

凭 7-11

福建增值税专用发票　　No60972954

开票日期：2016年12月07日

购货单位	名　　　称：北京化工有限公司 纳税人识别号：911101085905444591 地　址、电　话：北京市海淀区西苑三里08号　01083847491 开户行及账号：交通银行北京分行　020000100901213644121	密码区	（略）

货物或应税劳务名称	规格型号	单位 千克	数量 460	单价 50.00	金额 23 000.00	税率 17%	税额 3 910.00
丙酮							
合计					￥23 000.00		￥3 910.00

价税合计（大写）　⊗贰万陆仟玖佰壹拾元整　　　　　　￥26 910.00

销货单位	名　　　称：武进市卫星化学试剂厂 纳税人识别号：913504124447876664 地　址、电　话：崔桥卫星村　05919850103 开户行及账号：崔桥信用社　86225401013134	备注	

收款人：　　　　　复核：　　　　　开票人：李红　　　　　销售方（章）：

第三联　发票联　购买方记账凭证

凭 7-12

交通银行电汇凭证（回单）1

□普通　□加急　　　委托日期 2016年12月07日

汇款人	全　　称	北京化工有限公司	收款人	全　　称	武进市卫星化学试剂厂
	账　　号	020000100901213644121		账　　号	86225401013134
	汇出地点	省 北京 市/县		汇入地点	福建省武进市
	汇出行名称	交通银行北京分行		汇入行名称	崔桥信用社

金额	人民币（大写）贰万陆仟玖佰壹拾元整	千	百	十	万	千	百	十	元	角	分
				￥	2	6	9	1	0	0	0

交通银行北京分行
2016.12.07
转讫

汇出行签章

支付密码

附加信息及用途：
购买材料

复核：　　　　　记账：

凭 7-13

交通银行进账单（回单）1

2016 年 12 月 08 日

出票人	全 称	北京化工有限公司	收款人	全 称	联发实业有限公司
	账 号	020000100901213644121		账 号	110614171501040002457
	开户银行	交通银行北京分行		开户银行	交通银行北京分行

金额	人民币壹万贰仟元整（大写）	亿	千	百	十	万	千	百	十	元	角	分
					¥	1	2	0	0	0	0	0

票据种类	转账支票	票据张数	1
票据号码	23909018		

交通银行北京分行
2016.12.08
转讫

复核　　　记账　　　　　　　　　　　开户银行签章

此联是开户银行交给持票人的回单

凭 7-14

凭 7–15

交通银行进账单（回单）1

2016 年 12 月 09 日

出票人	全 称	北京化工有限公司	收款人	全 称	北京市南海化工厂	此联是开户银行交给持票人的回单
	账 号	020000100901213644121		账 号	320151627384846	
	开户银行	交通银行北京分行		开户银行	中国农业银行北京分行	

金额	人民币贰万元整（大写）			亿	千	百	十	万	千	百	十	元	角	分
						¥	2	0	0	0	0	0	0	0

票据种类	转账支票	票据张数	1	交通银行北京分行 2016.12.09 转讫
票据号码	23909019			
复核		记账		开户银行签章

凭 7–16

```
交通银行
转账支票存根
No 30101122
  23909019
附加信息

出票日期 2016 年 12 月 09 日
收款人：北京市南海化工厂

金额：¥20 000.00
用途：预付货款

单位主管        会计
```

凭 7–17

借 款 单

2016年 12月 10日　　　　　　　　第 00127 号

借款部门	销售部门	姓名	王明	事由	出差
借款金额（大写）	零万贰仟零佰零拾零元零角零分			¥2 000.00	
部门负责人签署	王庆	借款人签章	王明（现金付讫）注意事项	一、凡借用公款必须使用本单 二、出差返回后三天内结算	
单位领导批示	王靓瑛	财务经理审核意见	郑镭		

凭 7-18

北京市电子缴税回单

隶属管理——市属企业
注册类型：有限公司　　　　填发日期：2016 年 12 月 11 日　　　　征收机关——北京市国家税务局
电子缴税号 W327821

缴税单位	代　码	1130000		收款国库	北京市国家税务局
	全　称	北京化工有限公司		国库账号	101010103
	账　号	020000100901213644121		预算级次	中央75%，地方25%
	开户银行	交通银行北京分行		国库开户银行	海淀金库

税款所属期	2016 年 11 月 01 日至 2016 年 11 月 30 日		税款收缴日期	20161215	
预算科目	税种税目	计税金额、销售收入或课税数量	税率或单位税额	已缴或扣除额	实缴税额
101010106	增值税				13 661.61

金额合计	壹万叁仟陆佰陆拾壹元陆角壹分				￥13 661.61
申报方式	征收方式	打印次数	上列款项已核记入收款单位账户。扣款日期——2016 年 12 月 11 日　　　　银行盖章	备注	
网络申报	一般申报	15			

凭 7-19

北京市电子缴税回单

隶属管理——市属企业
注册类型：有限公司　　　　填发日期：2016 年 12 月 11 日　　　　征收机关——北京市地方税务局
电子缴税 QW132674

缴税单位	代　码	1130000		收款国库	北京市地方税务局
	全　称	北京化工有限公司		国库账号	101090300
	账　号	020000100901213644121		预算级次	（区）县级
	开户银行	交通银行北京分行		国库开户银行	地方金库

税款所属期	2016 年 11 月 01 日至 2016 年 11 月 30 日		税款收缴日期	20161215	
预算科目	税种税目	计税金额、销售收入或课税数量	税率或单位税额	已缴或扣除额	实缴税额
101090600	城市维护建设税	13 661.61	7%		956.31
103011100	教育费附加	13 661.61	3%		409.85
103012700	地方教育附加	13 661.61	2%		273.23

金额合计	壹仟陆佰叁拾玖元叁角玖分				￥1 639.39
申报方式	征收方式	打印次数	上列款项已核记入收款单位账户。扣款日期——2016 年 12 月 11 日　　　　银行盖章	备注	
网络申报	一般申报	0			

凭 7-20

差旅费报销单

2016年12月14日

所属部门	销售部门			姓名	王明	出差天数	自12月11日至12月13日共3天
出差事由	销售商品			借支费用		日期 2016年12月10日	金额¥2 000.00
						结算金额：¥660.00	
出发		到达		起止地点	交通费	住宿费	伙食费	其他
月	日	月	日					
12	11	12	11	北京西城区—昌平区	80.00	300.00	200.00	
12	13	12	15	昌平区—北京西城区	80.00			
合		计		零拾零万零仟陆佰陆拾零元零角零分			¥660.00	

总经理：王靓瑛　　财务经理：郑镭　　部门经理：张利　　会计：崔亮　　出纳：张俊　　报销人：王明

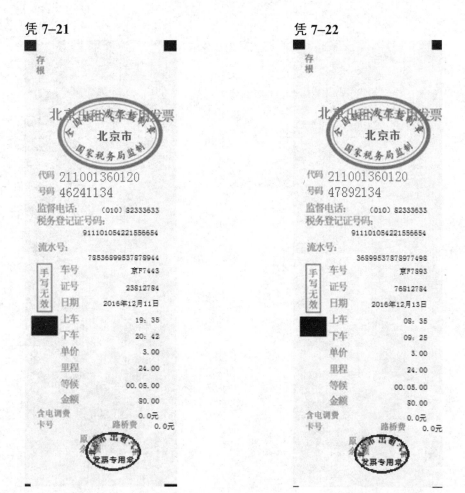

凭 7-21

凭 7-22

凭 7-23

北京增值税普通发票   No30962859

开票日期：2016年12月13日

购货单位	名称：北京化工有限公司 纳税人识别号：911101085905444591 地址、电话：北京市海淀区西苑三里08号　01083847491 开户行及账号：交通银行北京分行　02000010090121364 4121	密码区	（略）

货物或应税劳务名称	规格型号	单位	数量	单价	金额	税率	税额
住宿费					283.02	6%	16.98
餐费					188.68	6%	11.32
合计					¥471.70		¥28.30
价税合计（大写）	⊗伍佰元整				¥500.00		

销货单位	名称：瑞商国际大酒店 纳税人识别号：911101068039054548 地址、电话：北京市朝阳区东大街8号　01082315578 开户行及账号：交通银行北京分行　110006765465544114565	备注	

收款人：　　　　复核：　　　　开票人：张也　　　　销售方（章）：

凭 7-24

还款凭证

借款日期：2016年12月10日　　　　　　　　　　　　　第3号

借款原因：出差	借款人签章：王明　　现金收讫
借款 大写金额：贰仟元整 ¥：2 000.00	左列款项已于12月14日全部结清 报销数 ¥660.00 退还数 ¥1 340.00 补付数 ¥

凭 7-25

交通银行进账单（收账通知） 3

2016年12月15日

出票人	全称	北京鲁光发展有限公司	收款人	全称	北京化工有限公司
	账号	320147000400041		账号	02000010090121364 4121
	开户银行	中国农业银行北京分行		开户银行	交通银行北京分行

金额	人民币贰仟元整（大写）	亿	千	百	十	万	千	百	十	元	角	分
							¥	2	0	0	0	0	0

票据种类		票据张数	
票据号码			

交通银行北京分行　2016.12.15　转讫

复核　　　　记账　　　　　　　　　　　开户银行签章

凭 7-26

凭 7-27

工 资 表

2016年11月30日　　　　　　　　　　　　　　　　　　　　单位：元

序号	姓名	基本工资	绩效工资	应发工资	代扣款项（社保、个税）	实发工资	签名
01	芳娜	2 400.00	1 100.00	3 500.00	547.06	2 952.94	芳娜
02	李明	2 400.00	1 100.00	3 500.00	547.06	2 952.94	李明
03	郑镭	2 880.00	1 220.00	4 100.00	634.59	3 465.41	郑镭
04	马辉	2 600.00	1 180.00	3 780.00	583.53	3 196.47	马辉
05	金光	2 600.00	1 180.00	3 780.00	583.53	3 196.47	金光
06	张哲	2 900.00	1 240.00	4 140.00	638.24	3 501.76	张哲
07	于丹	2 700.00	1 200.00	3 900.00	601.76	3 298.24	于丹
08	赵明	2 700.00	1 200.00	3 900.00	601.76	3 298.24	赵明
09	杨宇	2 850.00	1 230.00	4 080.00	629.12	3 450.88	杨宇
10	林芳	2 880.00	1 220.00	4 100.00	634.59	3 465.41	林芳
⋮	⋮	⋮	⋮	⋮	⋮	⋮	⋮
32	林丹	2 500.00	1 100.00	3 600.00	565.29	3 034.71	林丹
合计		74 600.00	32 068.00	106 668.00	16 668.00	90 000.00	

凭 7-28

收 料 单

2016年12月17日　　　　　　　　　　　　　　　　　　　　　　　　　　　　　编码：32084162

材料编号	材料名称	规格	材质	单位	数量		实际单价	材料金额	运杂费	合计（材实际成本）
					应收	实收				
02	乙烯			千克	2 000	2 000				

供货单位	山东万华集团	结算方法	转账付款	合同号	WS12	计划单价	材料计划成本
备注							

主管：陈亮　　　　　　质量检验员：李鑫　　　　　　仓库验收：王明　　　　　　经办人：江涛

凭 7-29

山东增值税专用发票

No60972955

开票日期：2016年12月17日

购货单位	名　　　称：北京化工有限公司 纳税人识别号：911101085905444591 地　址、电　话：北京市海淀区西苑三里08号　01083847491 开户行及账号：交通银行北京分行　020000100901213644121	密码区	（略）

货物或应税劳务名称	规格型号	单位	数量	单价	金额	税率	税额
乙烯		千克	2 000	30.00	60 000.00	17%	10 200.00
合计					¥60 000.00		¥10 200.00

价税合计（大写）	⊗柒万零贰佰元整		¥70 200.00

销货单位	名　　　称：山东万华集团 纳税人识别号：913706003336688894 地　址、电　话：烟台市幸福路28号　05367079812 开户行及账号：中国工商银行烟台分行　1201502297243464962	备注	

收款人：　　　　　　复核：　　　　　　开票人：刘海　　　　　　销售方（章）：

凭 7-30

交通银行业务回单

2016 年 12 月 17 日　　　　　　　　　　　　　　　　凭证编号：05690901

出票人	全　称	北京化工有限公司	收款人	全　称	山东万华集团
	账　号	020000100901213644121		账　号	1201502297243464962
	开户银行	交通银行北京分行		开户银行	中国工商银行烟台分行

金额	人民币（大写）柒万零贰佰元整	亿	千	百	十	万	千	百	十	元	角	分
						¥	7	0	2	0	0	0	0

用途	货款	开户银行签章
备注	业务种类	交通银行北京分行
	原凭证种类	2016.12.17 转讫
	原凭证号码	2016 年 12 月 17 日
	原凭证金额	

凭 7-31

报　销　单

填报日期 2016 年 12 月 18 日　　　　　　　　　　单据及附件共 1 张

姓名	王靓瑛	所属部门	办公室	报销形式	现金
				支票号码	现金付讫

报销项目	摘　要	金　额	备注
通信费	电话费（13559622754）	70.00	
	合　计	¥70.00	

金额大写：零拾零万零仟零佰柒拾零元零角零分　　　原借款：0.00 元　　应退（补）款：¥70.00 元

总经理：王靓瑛　　财务经理：郑镭　　部门经理：张利　　会计：崔亮　　出纳：张俊　　报销人：王靓瑛

凭 7-32

凭 7-33

交通银行进账单（回单）1
2016年12月19日

出票人	全称	北京化工有限公司	收款人	全称	中国石化股份有限公司北京分公司
	账号	0200001009012134644121		账号	4100886800098688669
	开户银行	交通银行北京分行		开户银行	中国工商银行北京朝阳支行
金额	人民币贰仟贰佰元整（大写）		¥ 2 2 0 0 0 0 （亿千百十万千百十元角分）		
票据种类	转账支票	票据张数	1		
票据号码	23909020				
	复核		记账		开户银行签章

此联是开户银行交给持票人的回单

凭 7-34

交通银行
转账支票存根
No30101122
23909020

附加信息

出票日期 2016 年 12 月 19 日
收款人：中国石化股份有限公司
北京分公司

金额：¥2 200.00
用途：购汽油

单位主管   会计

凭 7-35

北京增值税普通发票　　　　　　No32962866

开票日期：2016年12月19日

购货单位	名　　称：北京化工有限公司 纳税人识别号：911101085905444591 地　址、电　话：北京市海淀区西苑三里08号　01083847491 开户行及账号：交通银行北京分行　020000100901213644121	密码区	（略）

货物或应税劳务名称	规格型号	单位	数量	单价	金额	税率	税额
汽油		升	300.00	6.267 8	1 880.34	17%	319.66
合计					¥1 880.34		¥319.66

价税合计（大写）	⊗贰仟贰佰元整	¥2 200.00

销货单位	名　　称：中国石化股份有限公司北京分公司 纳税人识别号：911101058625776534 地　址、电　话：北京市朝阳区松庄路06号　01084656788 开户行及账号：中国工商银行北京朝阳支行　4100886800098688669	备注	

收款人：　　　　复核：　　　　开票人：张芳　　　　销售方（章）：

凭 7-36

报 销 单

填报日期 2016 年 12 月 19 日　　　　　　　　　　　　　　单据及附件共 3 张

姓名	张云迪	所属部门	销售部	报销形式	银行转账
				支票号码	

报销项目	摘　要	金额	备注
汽油费	转账付讫	2 200.00	
合　计		¥2 200.00	

金额大写：零拾零万贰仟贰佰零拾零元零角零分　　　　　原借款：0.00 元　　　应退（补）款：¥2 200.00 元

总经理：王靓瑛　　财务经理：郑镭　　部门经理：张楠　　会计：崔亮　　出纳：李芸　　报销人：张云迪

凭 7-37

交通银行业务回单

2016 年 12 月 19 日　　　　　　　　　　　　　　凭证编号：301277210

出票人	全　称	济南市中福公司	收款人	全　称	北京化工有限公司									
	账　号	4024521362645868664		账　号	020000100901213644121									
	开户银行	中国工商银行济南分行		开户银行	交通银行北京分行									
金额	人民币（大写）肆万陆仟捌佰元整				亿	千	百	十	万	千	百	十	元	角	分
								¥	4	6	8	0	0	0	0
用途	货款			开户银行签章　交通银行北京分行　2016.12.19　转讫										
备注	业务种类													
	原凭证种类													
	原凭证号码			2016 年 12 月 19 日										
	原凭证金额													

凭 7-38

凭 7-39

销 售 单

购货单位：济南市中福公司　　　　　　地址、电话：济南市经二路26号　053167589077
单据编号：S01126072　　　　　　　　制单日期：2016年12月19日
纳税人识别号：913701008088927696　　开户行及账号：中国工商银行济南分行 4024521362645868664

编码	产品名称	规格	单位	单价	数 量	金额	备注
12	甘油丙烯醚		千克	100.00	400	40 000.00	不含税价
合计	人民币（大写）：肆万元整					¥40 000.00	

总经理：王靓瑛　　销售经理：李晓明　　经手人：林丽琴　　会计：张哲　　签收人：张远

凭 7-40

交通银行进账单（回单）1

2016年12月20日

出票人	全称	北京化工有限公司	收款人	全称	北京化工有限公司
	账号	020000100901213644121		账号	020000100901213644123
	开户银行	交通银行北京分行		开户银行	交通银行北京分行
金额	人民币肆万壹仟元整（大写）		亿 千 百 十 万 千 百 十 元 角 分 　　　　　¥ 4 1 0 0 0 0 0
票据种类	转账支票	票据张数	1	交通银行北京分行 2016.12.20 转讫
票据号码	23909021			
	复核		记账		开户银行签章

凭 7-41

凭 7-42

交通银行计付存款利息清单

日期：2016年12月20日

单位名称：北京化工有限公司						
清算账号 11050100585				存款账号：020000100901213644121		
编号	计息类型	计息起讫日期		计息积数	利率	利息金额
002345	普通积数	2016-09-21—2016-12-20		41 000.00	6%	615.00
金整额合计：人民币陆佰壹拾伍元整				金额合计：¥615.00		
摘要：						

打印时间：2016-12-20

凭 7-43

北京增值税专用发票　　No60972957

开票日期：2016年12月21日

| 购货单位 | 名　　称：北京百货公司
纳税人识别号：911101088333899998
地　址、电话：北京市中关村南大街24号　01083951171
开户行及账号：交通银行北京分行　670200001009014126778 | 密码区 | （略） |

货物或应税劳务名称	规格型号	单位	数量	单价	金额	税率	税额
二丙烯基醚		千克	150.00	200.00	30 000.00	17%	5 100.00
合计					¥30 000.00		¥5 100.00

| 价税合计（大写） | ⊗叄万伍仟壹佰元整 | ¥35 100.00 |

| 销货单位 | 名　　称：北京化工有限公司
纳税人识别号：911101085905444591
地　址、电话：北京市海淀区西苑三里08号　01083847491
开户行及账号：交通银行北京分行　020000100901213644121 | 备注 | |

收款人：　　　复核：　　　开票人：张哲　　　销售方（章）：

凭 7-44

销 售 单

购货单位：北京百货公司　　　　　　　　　　地址、电话：北京市中关村南大街24号　01083951171
单据编号：S01126008　　　　　　　　　　　制单日期：2016年12月21日
纳税人识别号：911101088333899998　　　　开户行及账号：交通银行北京分行 670200001009014126778

编码	产品名称	规格	单位	单价	数量	金额	备注
13	二丙烯基醚		千克	200.00	150	30 000.00	不含税价
合计	人民币（大写）：叄万元整					¥30 000.00	

总经理：王靓瑛　　销售经理：李晓明　　经手人：林丽琴　　会计：张哲　　签收人：张远

凭 7-45

北京增值税普通发票

No30961813

开票日期：2016年12月22日

购货单位	名　　　称：北京化工有限公司 纳税人识别号：911101085905444591 地　址、电　话：北京市海淀区西苑三里08号　01083847491 开户行及账号：交通银行北京分行　020000100901213644121	密码区	（略）

货物或应税劳务名称	规格型号	单位	数量	单价	金额	税率	税额
车床		台	1	2 222.22	2 222.22	17%	377.78
合计					¥2 222.22		¥377.78

价税合计（大写）	⊗贰仟陆佰元整	¥2 600.00

销货单位	名　　　称：北京极光工业公司 纳税人识别号：911101085008932446 地　址、电　话：北京市海淀区学院路109号　01083827766 开户行及账号：中国银行海淀支行　453278009845609532	备注	

收款人：　　　　　复核：　　　　　开票人：刘辉　　　　　销售方（章）：

凭 7-46

固定资产验收单

2016年12月22日　　　　　　　　　　　　　　　　编号：23009

名称	规格型号	来源	数量	购（造价）	使用年限	预计残值
车床		接受捐赠	1	2 600.00	5	0
安装费	月折旧率	建造单位		交工日期	附件	
0	1.67%	北京极光工业公司		2016年12月22日		
验收部门	刘丽	验收人员	官强	管理部门	梁超	管理人员	王非
备注							

审核：梁明明　　　　　　　　　　　　　　　　　　制单：崔亮

凭 7-47

交通银行进账单（回单）1

2016 年 12 月 23 日

出票人	全 称	北京化工有限公司	收款人	全 称	北京日报社	此联是开户银行交给持票人的回单
	账 号	020000100901213644121		账 号	345678509048708091001	
	开户银行	交通银行北京分行		开户银行	交通银行北京分行	
金额	人民币贰仟伍佰肆拾肆元整（大写）		亿 千 百 十 万 千 百 十 元 角 分 　　　　　　　　¥ 2 5 4 4 0 0			
票据种类	转账支票	票据张数	1	交通银行北京分行 2016.12.23 转讫		
票据号码	23909022					
	复核		记账		开户银行签章	

凭 7-48

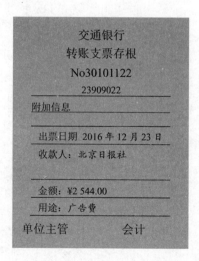

交通银行
转账支票存根
No30101122
23909022
附加信息

出票日期 2016 年 12 月 23 日
收款人：北京日报社

金额：¥2 544.00
用途：广告费

单位主管　　　会计

凭 7-49

北京增值税专用发票   No60979456

开票日期：2016年12月23日

购货单位	名　　称：北京化工有限公司
	纳税人识别号：911101085905444591
	地　址、电　话：北京市海淀区西苑三里08号　01083847491
	开户行及账号：交通银行北京分行　02000010090121364412

密码区　（略）

货物或应税劳务名称	规格型号	单位	数量	单价	金额	税率	税额
广告费					2 400.00	6%	144.00
合计					¥2 400.00		¥144.00

价税合计（大写）	⊗贰仟伍佰肆拾肆元整	¥2 544.00

销货单位	名　　称：北京日报社
	纳税人识别号：911101087342137952
	地　址、电　话：北京市海淀区郑宁路22号　01088845670
	开户行及账号：交通银行北京分行　345678509048708091001

备注：（发票专用章）

收款人：　　　复核：　　　开票人：刘海　　　销售方（章）：

凭 7-50

交通银行业务回单

2016年12月28日　　凭证编号：32117542

出票人	全　称	济南市中福公司	收款人	全　称	北京化工有限公司
	账　号	4024521362645868664		账　号	02000010090121364412
	开户银行	中国工商银行济南分行		开户银行	交通银行上海分行

金额	人民币（大写）贰万叁仟肆佰元整	亿	千	百	十	万	千	百	十	元	角	分
						¥	2	3	4	0	0	0

用途	货款
备注	业务种类
	原凭证种类
	原凭证号码
	原凭证金额

（交通银行北京分行　2016.12.28　转讫）

2016年12月28日

凭 7-51

凭 7-52

销 售 单

购货单位：济南市中福公司　　　　　　地址、电话：济南市经二路 26 号　053167589077
单据编号：S01126009　　　　　　　　　制单日期：2016 年 12 月 28 日
纳税人识别号：913701008088927696　　开户行及账号：中国工商银行济南分行 4024521362645868664

编码	产品名称	规格	单位	单价	数量	金额	备注
14	二丙烯基醚		千克	200.00	100	20 000.00	不含税价
合计	人民币（大写）：贰万元整					¥20 000.00	

总经理：王靓瑛　　销售经理：李晓明　　经手人：林丽琴　　会计：张哲　　签收人：张远

会计联

凭 7-53

关于王浩赔偿损失及责任人确认的通知

由于王浩工作失职造成 2016 年 11 月公司丙酮损失 11.60 千克,价值人民币伍佰捌拾元整(¥580.00),经研究决定由王浩个人赔偿。

批准人：李卫明

日期：2016 年 12 月 29 日

凭 7-54

商业承兑汇票   2   30101162

出票日期（大写）贰零壹陆年壹拾贰月零叁拾日   39008791

出票人	全 称	北京百货公司	收款人	全 称	北京化工有限公司
	账 号	6702000010090141126778		账 号	02000010090121364412
	开户银行	交通银行北京分行		开户银行	交通银行北京分行
金额	人民币叁万伍仟壹佰元整（大写）			亿千百十万千百十元角分 ¥ 3 5 1 0 0 0 0	
汇票到期日（大写）	贰零壹柒年零壹月零叁拾日		付款行	行号	301100001163
承兑协议编号	3341114			地址	北京市中关村南大街24号
本汇票请你行承兑，到期无条件付款 承兑人签章 承兑日期: 2016 年 12 月 30 日			本汇票已经承兑，到期日由本行付款 出票人签章		

凭 7-55

交通银行（北京分行）现金解款单（回单）

2016 年 12 月 30 日

收款单位	全称	北京化工有限公司	款项来源	多余款项
	账号	02000010090121364412	解款部门	财务部

人民币（大写）贰佰零陆元伍角叁分   百十千百十元角分 ¥ 2 0 6 5 3

券别	张数	金额	券别	张数	金额
百元			二元		
五十元			一元		
十元			角		
五元			分		

（收款银行盖章）交通银行北京分行 2016.12.30 转讫

银行打印：

凭 7-56

交通银行计付存款利息清单

日期：2016年12月31日

单位名称：	北京化工有限公司				
清算账号：	0200001009012136441 21		存款账号：	185775010400050987476	
编号	计息类型	计息起迄日期	计息积数	利率	利息金额
005234	普通积数	2016-09-21—2016-12-20	152 742 858.00	0.35%	1 485.00
金整额合计：人民币壹仟肆佰捌拾伍元整			金额合计：¥1 485.00		
摘要：					

（盖章：交通银行北京分行 计息起迄日期 2016.12.31 转讫）

打印时间：2016-12-31

凭 7-57

折旧费计提表

2016年12月31日   单位：元

使用部门	固定资产类别					金额
	建筑物	办公设备	机器设备	其他设备	运输设备	
管理部门		1 000.00				1 000.00
生产车间			50 000.00			50 000.00
合 计		¥1 000.00	¥50 000.00			¥51 000.00

审核：梁明明   制单：崔亮

凭 7-58

职工工资分配表

编制单位：北京化工有限公司　　　　2016年12月31日　　　　　　　　　　单位：元

部 门	分配对象	分配工时	分配率	分配金额
生产部门	二丙烯基醚	1 824	22.781	41 552.54
生产部门	甘油丙烯醚	1 976	22.781	45 015.26
合 计		3 800		86 567.80
生产管理部门				8 408.40
管理部门				10 910.10
销售部门				2 500.00
合 计				108 386.30

凭 7-59

转出未交增值税计算表

2016年12月31日　　　　　　　　　　　　　　　　　　　　　　　　　　单位：元

项目	进项税额	销项税额	本月未交增值税额
金额	14 261.27	15 300.00	1 038.73
合计	14 261.27	15 300.00	1 038.73

制表：崔亮　　　　　　　　　　　　　　　　　　　　　　　　　　　　　复核：郑镭

凭 7-60

领 料 单

领料部门：生产车间

用途：二丙烯基醚　　　　　　2016年12月02日　　　　　　　　　　12　第001号

材料			单位	数量		成本								
编号	名称	规格		请领	实发	单价	总 价							
							百	十	万	千	百	十	元	角	分
01	丙酮		千克	2 000	2 000									
02	乙烯		千克	2 000	2 000									
合计														

部门经理：郑芳　　　　会计：张哲　　　　仓库：由嘉　　　　经办人：于军

凭 7-61

领 料 单

领料部门：生产车间

用途：甘油丙烯醚　　　　　　2016年12月02日　　　　　　　　　　12　第002号

材料			单位	数量		成本								
编号	名称	规格		请领	实发	单价	总 价							
							百	十	万	千	百	十	元	角	分
01	丙酮		千克	2 000	2 000									
合计														

部门经理：郑芳　　　　会计：张哲　　　　仓库：由嘉　　　　经办人：于军

凭 7-62

领 料 单

领料部门：生产车间

用途：二丙烯基醚　　　　　2016年12月10日　　　　　12 第003号

材料			单位	数量		单价	成本								
编号	名称	规格		请领	实发		总 价								
							百	十	万	千	百	十	元	角	分
02	乙烯		千克	1 500	1 500										
合计															

部门经理：郑芳　　　　会计：张哲　　　　仓库：由嘉　　　　经办人：于军

凭 7-63

材料领用成本计算单

制表：北京化工有限公司　　　2016年12月31日　　　　　　　　　单位：元

材料名称	期初结存数量	本期购入数量	本期生产领用数量	期末结存数量	单位成本（加权）	本期生产领用金额	期末结存金额
丙酮	4 820	460	4 000	1280	50.00	200 000.00	64 000.00
乙烯	3 600	2 000	3 500	2 100	30.00	105 000.00	63 000.00
合计						305 000.00	127 000.00

审核：郑镭　　　　　　　　　　　　　　　　　　　　　　　制表：张哲

凭 7-64

原材料分配表

2016年12月31日

产品	丙 酮		乙 烯	
	数量（千克）	金额（元）	数量（千克）	金额（元）
二丙烯基醚	2 000	10 000.00	3 500	10 500.00
甘油丙烯醚	2 000	10 000.00		
合 计	4 000	20 000.00	3 500	10 500.00

凭 7-65

制造费用分配表

制表：北京化工有限公司　　　2016年12月31日　　　　　　　　　单位：元

产品名称	分配标准（工时）	分配率	分配金额
二丙烯基醚	2 400	11.681 68	28 036.03
甘油丙烯醚	2 600	11.681 68	30 372.37
合 计	5 000		58 408.40

制表：王元

凭 7-66

制造费用明细表
2016年12月31日　　　　　　　　　　　　　　　　　　单位：元

费用项目	金额
折旧费	50 000.00
工资	8 408.40
合计	58 408.40

凭 7-67

入 库 单
2016年12月31日　　　　　　　　　　　　　　　　　单号：58470547

交来单位及部门	北京化工有限公司		发票号码或生产单号码		验收仓库	第七仓库	入库日期	2016.12.31		
编号	名称及规格	单位	数量		实际价格		计划价格		价格差异	会计联
			交库	实收	单价	金额	数量	金额		
01	二丙烯基醚	千克	2 702	2 702						
02	甘油丙烯醚	千克	1 488	1 488						
	合 计									

部门经理：王瑛　　　　　会计：　　　　　　仓库：刘琳　　　　　经办人：王涛

凭 7-68

产品成本计算表
产品：二丙烯基醚　　　　2016年12月31日　　　　　　　　　　单位：元

基本生产成本明细项目	月初在产品成本	本月发生费用	生产费用合计	期末在产品数量	完工产品产量	完工产品总成本	单位成本	期末在产品成本
直接材料	27 314.25	205 000.00	232 314.25	394	2 702	202 758.08	75.04	29 556.17
直接人工	6 934.79	41 552.54	48 487.33	394	2 702	42 313.32	15.66	6 174.01
制造费用	766.19	28 036.03	28 802.22	394	2 702	25 128.60	9.30	3 673.62
金额合计	35 015.23	274 588.57	309 603.80			270 200.00	100.00	39 403.80

审核：郑芳　　　　　　　　　　　　　　　　　　　　　　制单：崔亮

凭 7-69

产品成本计算表

产品：甘油丙烯醚　　　　　2016年12月31日　　　　　　　　　　　　　　单位：元

基本生产成本明细项目	月初在产品成本	本月发生费用	生产费用合计	期末在产品数量	完工产品产量	完工产品总成本	单位成本	期末在产品成本
直接材料	2 534.56	100 000.00	102 534.56	2 100	1 488	42 527.04	28.58	60 007.52
直接人工	869.52	45 015.26	45 884.78	2 100	1 488	19 031.52	12.79	26 853.26
制造费用	580.69	30 372.37	30 953.06	2 100	1 488	12 841.44	8.63	18 111.62
金额合计	3 984.77	175 387.63	179 372.40			74 400.00	50.00	104 972.40

审核：郑镭　　　　　　　　　　　　　　　　　　　　　　　　　　　　　　制单：崔亮

凭 7-70

出 库 单

出货单位：北京化工有限公司　　　　2016年12月19日　　　　　　　　　单号：T131201

提货单位或领货部门	发运部门	销售单号	S01126007	发出仓库	第一仓库	出库日期	2016.12.19
编号	名称及规格		单位	数量		单价	金额
				应发	实发		
02	甘油丙烯醚		千克	400	400		
	合　计						

部门经理：王瑛　　　会计：张哲　　　仓库：戴小华　　　经办人：陈伟

凭 7-71

出 库 单

出货单位：北京化工有限公司　　　　2016年12月21日　　　　　　　　　单号：T131202

提货单位或领货部门	发运部门	销售单号	S01126008	发出仓库	第二仓库	出库日期	2016.12.21
编号	名称及规格		单位	数量		单价	金额
				应发	实发		
01	二丙烯基醚		千克	150	150		
	合　计						

部门经理：王瑛　　　会计：张哲　　　仓库：刘琳　　　经办人：陈伟

凭 7-72

出 库 单

出货单位：北京化工有限公司　　　　　2016年12月28日　　　　　　　　　　单号：T131203

提货单位或领货部门	发运部门	销售单号	S01126009	发出仓库	第二仓库	出库日期	2016.12.28
编号	名称及规格	单位	数量		单价	金额
			应发	实发		
01	二丙烯基醚	千克	100	100		
	合　　计					

部门经理：王瑛　　　　　会计：张哲　　　　　仓库：王磊　　　　　经办人：陈伟

凭 7-73

销售成本计算表

制表：北京化工有限公司　　　　　2016年12月31日　　　　　　　　　　单位：元

产品	期初结存数量	本期完工产品	本期销售数量	期末结存数量	期初结存成本	完工产品成本	单位成本	本期销售成本	期末结存成本
二丙烯基醚	90	2 702	250	2 542	9 000.00	270 200.00	100.00	25 000.00	254 200.00
甘油丙烯醚	150	1 488	400	1 238	7 500.00	74 400.00	50.00	20 000.00	61 900.00
合　计					16 500.00	344 600.00		450 000.00	316 100.00

审核：郑芳　　　　　　　　　　　　　　　　　　　　　　　　　　　　　制单：崔亮

凭 7-74

城建税等计提表

2016年12月31日　　　　　　　　　　单位：元

税　种	计税依据	计税金额	税率	应纳税额
城建税	增值税	1 038.73	7%	72.71
教育费附加	增值税	1 038.73	3%	31.16
地方教育附加	增值税	1 038.73	2%	20.77

业务题 2

通用记账凭证

年　月　日　　　　　　　　　　　　　　　　　　　　凭证编号：

摘　要	总账科目	明细科目	借方金额										贷方金额										记账符号
			千	百	十	万	千	百	十	元	角	分	千	百	十	万	千	百	十	元	角	分	
附件：　张	合　计																						

会计主管：　　　　　　记账：　　　　　　复核：　　　　　　出纳：　　　　　　制单：

业务题 3

通用记账凭证

年　月　日　　　　　　　　　　　　　　　　　　　　凭证编号：

摘　要	总账科目	明细科目	借方金额										贷方金额										记账符号
			千	百	十	万	千	百	十	元	角	分	千	百	十	万	千	百	十	元	角	分	
附件：　张	合　计																						

会计主管：　　　　　　记账：　　　　　　复核：　　　　　　出纳：　　　　　　制单：

业务题 4

通用记账凭证

年　月　日　　　　　　　　　　　　　　　　　　　　凭证编号：

摘　要	总账科目	明细科目	借方金额										贷方金额										记账符号
			千	百	十	万	千	百	十	元	角	分	千	百	十	万	千	百	十	元	角	分	
附件：　张	合　计																						

会计主管：　　　　　　记账：　　　　　　复核：　　　　　　出纳：　　　　　　制单：

业务题 5

通用记账凭证

年　月　日　　　　　　　　　　　　　　　　　　　凭证编号：

摘要	总账科目	明细科目	借方金额										贷方金额										记账符号
			千	百	十	万	千	百	十	元	角	分	千	百	十	万	千	百	十	元	角	分	
附件：　张	合　计																						

会计主管：　　　　　　　记账：　　　　　　　复核：　　　　　　　出纳：　　　　　　　制单：

业务题 6

通用记账凭证

年　月　日　　　　　　　　　　　　　　　　　　　凭证编号：

摘要	总账科目	明细科目	借方金额										贷方金额										记账符号
			千	百	十	万	千	百	十	元	角	分	千	百	十	万	千	百	十	元	角	分	
附件：　张	合　计																						

会计主管：　　　　　　　记账：　　　　　　　复核：　　　　　　　出纳：　　　　　　　制单：

业务题 7

通用记账凭证

年　月　日　　　　　　　　　　　　　　　　　　　凭证编号：

摘要	总账科目	明细科目	借方金额										贷方金额										记账符号
			千	百	十	万	千	百	十	元	角	分	千	百	十	万	千	百	十	元	角	分	
附件：　张	合　计																						

会计主管：　　　　　　　记账：　　　　　　　复核：　　　　　　　出纳：　　　　　　　制单：

业务题 8

通用记账凭证

年　月　日　　　　　　　　　　　　　　　　　　凭证编号：

摘要	总账科目	明细科目	借方金额										贷方金额										记账符号
			千	百	十	万	千	百	十	元	角	分	千	百	十	万	千	百	十	元	角	分	
附件：　张	合　计																						

会计主管：　　　　　　记账：　　　　　　复核：　　　　　　出纳：　　　　　　制单：

业务题 9

通用记账凭证

年　月　日　　　　　　　　　　　　　　　　　　凭证编号：

摘要	总账科目	明细科目	借方金额										贷方金额										记账符号
			千	百	十	万	千	百	十	元	角	分	千	百	十	万	千	百	十	元	角	分	
附件：　张	合　计																						

会计主管：　　　　　　记账：　　　　　　复核：　　　　　　出纳：　　　　　　制单：

业务题 10

通用记账凭证

年　月　日　　　　　　　　　　　　　　　　　　凭证编号：

摘要	总账科目	明细科目	借方金额										贷方金额										记账符号
			千	百	十	万	千	百	十	元	角	分	千	百	十	万	千	百	十	元	角	分	
附件：　张	合　计																						

会计主管：　　　　　　记账：　　　　　　复核：　　　　　　出纳：　　　　　　制单：

业务题 11

通用记账凭证

年　　月　　日　　　　　　　　　　　　　　　　　　　凭证编号：

摘要	总账科目	明细科目	借方金额										贷方金额										记账符号
			千	百	十	万	千	百	十	元	角	分	千	百	十	万	千	百	十	元	角	分	
附件：　张	合　　计																						

会计主管：　　　　　　　记账：　　　　　　　复核：　　　　　　　出纳：　　　　　　　制单：

业务题 12

通用记账凭证

年　　月　　日　　　　　　　　　　　　　　　　　　　凭证编号：

摘要	总账科目	明细科目	借方金额										贷方金额										记账符号
			千	百	十	万	千	百	十	元	角	分	千	百	十	万	千	百	十	元	角	分	
附件：　张	合　　计																						

会计主管：　　　　　　　记账：　　　　　　　复核：　　　　　　　出纳：　　　　　　　制单：

业务题 13

通用记账凭证

年　　月　　日　　　　　　　　　　　　　　　　　　　凭证编号：

摘要	总账科目	明细科目	借方金额										贷方金额										记账符号
			千	百	十	万	千	百	十	元	角	分	千	百	十	万	千	百	十	元	角	分	
附件：　张	合　　计																						

会计主管：　　　　　　　记账：　　　　　　　复核：　　　　　　　出纳：　　　　　　　制单：

业务题 14

通用记账凭证

年　月　日　　　　　　　　　　　　　　　　　凭证编号：

摘　要	总账科目	明细科目	借方金额										贷方金额										记账符号
			千	百	十	万	千	百	十	元	角	分	千	百	十	万	千	百	十	元	角	分	
附件：　张	合　计																						

会计主管：　　　　　记账：　　　　　复核：　　　　　出纳：　　　　　制单：

业务题 15

通用记账凭证

年　月　日　　　　　　　　　　　　　　　　　凭证编号：

摘　要	总账科目	明细科目	借方金额										贷方金额										记账符号
			千	百	十	万	千	百	十	元	角	分	千	百	十	万	千	百	十	元	角	分	
附件：　张	合　计																						

会计主管：　　　　　记账：　　　　　复核：　　　　　出纳：　　　　　制单：

业务题 16

通用记账凭证

年　月　日　　　　　　　　　　　　　　　　　凭证编号：

摘　要	总账科目	明细科目	借方金额										贷方金额										记账符号
			千	百	十	万	千	百	十	元	角	分	千	百	十	万	千	百	十	元	角	分	
附件：　张	合　计																						

会计主管：　　　　　记账：　　　　　复核：　　　　　出纳：　　　　　制单：

业务题 17

通用记账凭证

年　月　日　　　　　　　　　　　　　　　　　　凭证编号：

摘要	总账科目	明细科目	借方金额										贷方金额										记账符号
			千	百	十	万	千	百	十	元	角	分	千	百	十	万	千	百	十	元	角	分	
附件：　张	合　计																						

会计主管：　　　　　记账：　　　　　复核：　　　　　出纳：　　　　　制单：

业务题 18

通用记账凭证

年　月　日　　　　　　　　　　　　　　　　　　凭证编号：

摘要	总账科目	明细科目	借方金额										贷方金额										记账符号
			千	百	十	万	千	百	十	元	角	分	千	百	十	万	千	百	十	元	角	分	
附件：　张	合　计																						

会计主管：　　　　　记账：　　　　　复核：　　　　　出纳：　　　　　制单：

业务题 19

通用记账凭证

年　月　日　　　　　　　　　　　　　　　　　　凭证编号：

摘要	总账科目	明细科目	借方金额										贷方金额										记账符号
			千	百	十	万	千	百	十	元	角	分	千	百	十	万	千	百	十	元	角	分	
附件：　张	合　计																						

会计主管：　　　　　记账：　　　　　复核：　　　　　出纳：　　　　　制单：

业务题 20

通用记账凭证

年　月　日　　　　　　　　　　　　　　　　　凭证编号：

摘要	总账科目	明细科目	借方金额										贷方金额										记账符号
			千	百	十	万	千	百	十	元	角	分	千	百	十	万	千	百	十	元	角	分	
附件：　张	合　计																						

会计主管：　　　　　　记账：　　　　　　复核：　　　　　　出纳：　　　　　　制单：

业务题 21

通用记账凭证

年　月　日　　　　　　　　　　　　　　　　　凭证编号：

摘要	总账科目	明细科目	借方金额										贷方金额										记账符号
			千	百	十	万	千	百	十	元	角	分	千	百	十	万	千	百	十	元	角	分	
附件：　张	合　计																						

会计主管：　　　　　　记账：　　　　　　复核：　　　　　　出纳：　　　　　　制单：

业务题 22

通用记账凭证

年　月　日　　　　　　　　　　　　　　　　　凭证编号：

摘要	总账科目	明细科目	借方金额										贷方金额										记账符号
			千	百	十	万	千	百	十	元	角	分	千	百	十	万	千	百	十	元	角	分	
附件：　张	合　计																						

会计主管：　　　　　　记账：　　　　　　复核：　　　　　　出纳：　　　　　　制单：

业务题 23

通用记账凭证

年　月　日　　　　　　　　　　　　　　　　　　　凭证编号：

摘　要	总账科目	明细科目	借方金额										贷方金额										记账符号
			千	百	十	万	千	百	十	元	角	分	千	百	十	万	千	百	十	元	角	分	
附件：　张	合　计																						

会计主管：　　　　　　　记账：　　　　　　　复核：　　　　　　　出纳：　　　　　　　制单：

业务题 24

通用记账凭证

年　月　日　　　　　　　　　　　　　　　　　　　凭证编号：

摘　要	总账科目	明细科目	借方金额										贷方金额										记账符号
			千	百	十	万	千	百	十	元	角	分	千	百	十	万	千	百	十	元	角	分	
附件：　张	合　计																						

会计主管：　　　　　　　记账：　　　　　　　复核：　　　　　　　出纳：　　　　　　　制单：

业务题 25

通用记账凭证

年　月　日　　　　　　　　　　　　　　　　　　　凭证编号：

摘　要	总账科目	明细科目	借方金额										贷方金额										记账符号
			千	百	十	万	千	百	十	元	角	分	千	百	十	万	千	百	十	元	角	分	
附件：　张	合　计																						

会计主管：　　　　　　　记账：　　　　　　　复核：　　　　　　　出纳：　　　　　　　制单：

业务题 26

通用记账凭证

年　月　日　　　　　　　　　　　　　　　　　　　　　凭证编号：

摘要	总账科目	明细科目	借方金额										贷方金额										记账符号
			千	百	十	万	千	百	十	元	角	分	千	百	十	万	千	百	十	元	角	分	
附件：　张	合　计																						

会计主管：　　　　　记账：　　　　　复核：　　　　　出纳：　　　　　制单：

业务题 27

通用记账凭证

年　月　日　　　　　　　　　　　　　　　　　　　　　凭证编号：

摘要	总账科目	明细科目	借方金额										贷方金额										记账符号
			千	百	十	万	千	百	十	元	角	分	千	百	十	万	千	百	十	元	角	分	
附件：　张	合　计																						

会计主管：　　　　　记账：　　　　　复核：　　　　　出纳：　　　　　制单：

业务题 28

通用记账凭证

年　月　日　　　　　　　　　　　　　　　　　　　　　凭证编号：

摘要	总账科目	明细科目	借方金额										贷方金额										记账符号
			千	百	十	万	千	百	十	元	角	分	千	百	十	万	千	百	十	元	角	分	
附件：　张	合　计																						

会计主管：　　　　　记账：　　　　　复核：　　　　　出纳：　　　　　制单：

业务题 29

通用记账凭证

年　月　日　　　　　　　　　　　　　　　　　　　凭证编号：

摘　要	总账科目	明细科目	借方金额										贷方金额										记账符号
			千	百	十	万	千	百	十	元	角	分	千	百	十	万	千	百	十	元	角	分	
附件：　张	合　计																						

会计主管：　　　　　　记账：　　　　　　复核：　　　　　　出纳：　　　　　　制单：

业务题 30

通用记账凭证

年　月　日　　　　　　　　　　　　　　　　　　　凭证编号：

摘　要	总账科目	明细科目	借方金额										贷方金额										记账符号
			千	百	十	万	千	百	十	元	角	分	千	百	十	万	千	百	十	元	角	分	
附件：　张	合　计																						

会计主管：　　　　　　记账：　　　　　　复核：　　　　　　出纳：　　　　　　制单：

业务题 31

通用记账凭证

年　月　日　　　　　　　　　　　　　　　　　　　凭证编号：

摘　要	总账科目	明细科目	借方金额										贷方金额										记账符号
			千	百	十	万	千	百	十	元	角	分	千	百	十	万	千	百	十	元	角	分	
附件：　张	合　计																						

会计主管：　　　　　　记账：　　　　　　复核：　　　　　　出纳：　　　　　　制单：

业务题 32

通用记账凭证

年　月　日　　　　　　　　　　　　　　　　　　　　　　　凭证编号：

摘要	总账科目	明细科目	借方金额										贷方金额										记账符号
			千	百	十	万	千	百	十	元	角	分	千	百	十	万	千	百	十	元	角	分	
附件：　张	合　计																						

会计主管：　　　　　　　记账：　　　　　　　复核：　　　　　　　出纳：　　　　　　　制单：

业务题 33

通用记账凭证

年　月　日　　　　　　　　　　　　　　　　　　　　　　　凭证编号：

摘要	总账科目	明细科目	借方金额										贷方金额										记账符号
			千	百	十	万	千	百	十	元	角	分	千	百	十	万	千	百	十	元	角	分	
附件：　张	合　计																						

会计主管：　　　　　　　记账：　　　　　　　复核：　　　　　　　出纳：　　　　　　　制单：

业务题 34

通用记账凭证

年　月　日　　　　　　　　　　　　　　　　　　　　　　　凭证编号：

摘要	总账科目	明细科目	借方金额										贷方金额										记账符号
			千	百	十	万	千	百	十	元	角	分	千	百	十	万	千	百	十	元	角	分	
附件：　张	合　计																						

会计主管：　　　　　　　记账：　　　　　　　复核：　　　　　　　出纳：　　　　　　　制单：

业务题 35

通用记账凭证

年　月　日　　　　　　　　　　　　　　　　　　　凭证编号：

摘要	总账科目	明细科目	借方金额 千 百 十 万 千 百 十 元 角 分	贷方金额 千 百 十 万 千 百 十 元 角 分	记账符号
附件：　张		合　计			

会计主管：　　　　　　　记账：　　　　　　复核：　　　　　　出纳：　　　　　　制单：

业务题 36

通用记账凭证

年　月　日　　　　　　　　　　　　　　　　　　　凭证编号：

摘要	总账科目	明细科目	借方金额 千 百 十 万 千 百 十 元 角 分	贷方金额 千 百 十 万 千 百 十 元 角 分	记账符号
附件：　张		合　计			

会计主管：　　　　　　　记账：　　　　　　复核：　　　　　　出纳：　　　　　　制单：

业务题 37

通用记账凭证

年　月　日　　　　　　　　　　　　　　　　　　　凭证编号：

摘要	总账科目	明细科目	借方金额 千 百 十 万 千 百 十 元 角 分	贷方金额 千 百 十 万 千 百 十 元 角 分	记账符号
附件：　张		合　计			

会计主管：　　　　　　　记账：　　　　　　复核：　　　　　　出纳：　　　　　　制单：

业务题 38

通用记账凭证

年　月　日　　　　　　　　　　　　　　　　　　　　　凭证编号：

摘要	总账科目	明细科目	借方金额										贷方金额										记账符号
			千	百	十	万	千	百	十	元	角	分	千	百	十	万	千	百	十	元	角	分	
附件：　张	合　计																						

会计主管：　　　　　记账：　　　　　复核：　　　　　出纳：　　　　　制单：

业务题 39

通用记账凭证

年　月　日　　　　　　　　　　　　　　　　　　　　　凭证编号：

摘　要	总账科目	明细科目	借方金额										贷方金额										记账符号
			千	百	十	万	千	百	十	元	角	分	千	百	十	万	千	百	十	元	角	分	
附件：　张	合　计																						

会计主管：　　　　　记账：　　　　　复核：　　　　　出纳：　　　　　制单：

通用记账凭证

年　月　日　　　　　　　　　　　　　　　　　　　　　凭证编号：

摘　要	总账科目	明细科目	借方金额										贷方金额										记账符号
			千	百	十	万	千	百	十	元	角	分	千	百	十	万	千	百	十	元	角	分	
附件：　张	合　计																						

会计主管：　　　　　记账：　　　　　复核：　　　　　出纳：　　　　　制单：

业务题 40

通用记账凭证

年　月　日　　　　　　　　　　　　　　　　　　　　　　　　凭证编号：

摘要	总账科目	明细科目	借方金额									贷方金额									记账符号
			千	百	十	万	千	百	十	元	角	分	千	百	十	万	千	百	十	元	角	分	
附件：　张	合　计																						

会计主管：　　　　　　记账：　　　　　　复核：　　　　　　出纳：　　　　　　制单：

业务题 41

通用记账凭证

年　月　日　　　　　　　　　　　　　　　　　　　　　　　　凭证编号：

摘要	总账科目	明细科目	借方金额									贷方金额									记账符号
			千	百	十	万	千	百	十	元	角	分	千	百	十	万	千	百	十	元	角	分	
附件：　张	合　计																						

会计主管：　　　　　　记账：　　　　　　复核：　　　　　　出纳：　　　　　　制单：

业务题 42

通用记账凭证

年　月　日　　　　　　　　　　　　　　　　　　　　　　　　凭证编号：

摘要	总账科目	明细科目	借方金额									贷方金额									记账符号
			千	百	十	万	千	百	十	元	角	分	千	百	十	万	千	百	十	元	角	分	
附件：　张	合　计																						

会计主管：　　　　　　记账：　　　　　　复核：　　　　　　出纳：　　　　　　制单：

业务题 43

通用记账凭证

年　月　日　　　　　　　　　　　　　　　　　　　　　　凭证编号：

摘要	总账科目	明细科目	借方金额									贷方金额									记账符号
			千	百	十	万	千	百	十	元	角	分	千	百	十	万	千	百	十	元	角	分	
附件：　张	合　　计																							

会计主管：　　　　记账：　　　　复核：　　　　出纳：　　　　制单：

业务题 44

会计科目	借方金额										贷方金额									
	亿	仟	百	十	万	千	百	十	元	角	分	亿	仟	百	十	万	千	百	十	元	角	分
合　计																						

业务题 45

总　账

科目名称：　　　　　　　　　　　　　　　　　　　　　　　　　　　　　第　页

年		凭证号	摘要	页数	借方									贷方									借或贷	余额								
月	日				十	万	千	百	十	元	角	分	十	万	千	百	十	元	角	分		十	万	千	百	十	元	角	分

业务题 46

总　账

科目名称：　　　　　　　　　　　　　　　　　　　　　　　　　　　　　　　　　　　　　　　第　页

年		凭证号	摘要	页数	借方								贷方								借或贷	余额							
月	日				十	万	千	百	十	元	角	分	十	万	千	百	十	元	角	分		十	万	千	百	十	元	角	分

业务题 47

总　账

科目名称：　　　　　　　　　　　　　　　　　　　　　　　　　　　　　　　　　　　　　　　第　页

年		凭证号	摘要	页数	借方								贷方								借或贷	余额							
月	日				十	万	千	百	十	元	角	分	十	万	千	百	十	元	角	分		十	万	千	百	十	元	角	分

业务题 48

总　账

科目名称：　　　　　　　　　　　　　　　　　　　　　　　　　　　　　　　　　　　　　　　第　页

年		凭证号	摘要	页数	借方								贷方								借或贷	余额							
月	日				十	万	千	百	十	元	角	分	十	万	千	百	十	元	角	分		十	万	千	百	十	元	角	分

业务题 49

总　账

科目名称：　　　　　　　　　　　　　　　　　　　　　　　　　　　　　　　　　　　　　　　第　页

年		凭证号	摘要	页数	借方								贷方								借或贷	余额							
月	日				十	万	千	百	十	元	角	分	十	万	千	百	十	元	角	分		十	万	千	百	十	元	角	分

业务题 50

总　　账

科目名称：　　　　　　　　　　　　　　　　　　　　　　　　　　　　　　　　　第　页

年		凭证号	摘要	页数	借方								贷方								借或贷	余额							
月	日				十	万	千	百	十	元	角	分	十	万	千	百	十	元	角	分		十	万	千	百	十	元	角	分

业务题 51

总　　账

科目名称：　　　　　　　　　　　　　　　　　　　　　　　　　　　　　　　　　第　页

年		凭证号	摘要	页数	借方								贷方								借或贷	余额							
月	日				十	万	千	百	十	元	角	分	十	万	千	百	十	元	角	分		十	万	千	百	十	元	角	分

业务题 52

总　　账

科目名称：　　　　　　　　　　　　　　　　　　　　　　　　　　　　　　　　　第　页

年		凭证号	摘要	页数	借方								贷方								借或贷	余额							
月	日				十	万	千	百	十	元	角	分	十	万	千	百	十	元	角	分		十	万	千	百	十	元	角	分

业务题 53

总　　账

科目名称：　　　　　　　　　　　　　　　　　　　　　　　　　　　　　　　　　第　页

年		凭证号	摘要	页数	借方								贷方								借或贷	余额							
月	日				十	万	千	百	十	元	角	分	十	万	千	百	十	元	角	分		十	万	千	百	十	元	角	分

业务题 54

总　账

科目名称：　　　第　页

年		凭证号	摘要	页数	借方									贷方									借或贷	余额								
月	日				十	万	千	百	十	元	角	分	十	万	千	百	十	元	角	分		十	万	千	百	十	元	角	分

业务题 55

总　账

科目名称：　　　第　页

年		凭证号	摘要	页数	借方									贷方									借或贷	余额								
月	日				十	万	千	百	十	元	角	分	十	万	千	百	十	元	角	分		十	万	千	百	十	元	角	分

业务题 56

总　账

科目名称：　　　第　页

年		凭证号	摘要	页数	借方									贷方									借或贷	余额								
月	日				十	万	千	百	十	元	角	分	十	万	千	百	十	元	角	分		十	万	千	百	十	元	角	分

业务题 57

总　账

科目名称：　　　第　页

年		凭证号	摘要	页数	借方									贷方									借或贷	余额								
月	日				十	万	千	百	十	元	角	分	十	万	千	百	十	元	角	分		十	万	千	百	十	元	角	分

业务题 58

总　账

科目名称：　　　　　　　　　　　　　　　　　　　　　　　　　　　　　　　　　　　　　　第　页

年		凭证号	摘要	页数	借方									贷方									借或贷	余额								
月	日				十	万	千	百	十	元	角	分	十	万	千	百	十	元	角	分			十	万	千	百	十	元	角	分	

业务题 59

总　账

科目名称：　　　　　　　　　　　　　　　　　　　　　　　　　　　　　　　　　　　　　　第　页

年		凭证号	摘要	页数	借方									贷方									借或贷	余额								
月	日				十	万	千	百	十	元	角	分	十	万	千	百	十	元	角	分			十	万	千	百	十	元	角	分	

业务题 60

总　账

科目名称：　　　　　　　　　　　　　　　　　　　　　　　　　　　　　　　　　　　　　　第　页

年		凭证号	摘要	页数	借方									贷方									借或贷	余额								
月	日				十	万	千	百	十	元	角	分	十	万	千	百	十	元	角	分			十	万	千	百	十	元	角	分	

业务题 61

总　账

科目名称：　　　　　　　　　　　　　　　　　　　　　　　　　　　　　　　　　　　　　　第　页

年		凭证号	摘要	页数	借方									贷方									借或贷	余额								
月	日				十	万	千	百	十	元	角	分	十	万	千	百	十	元	角	分			十	万	千	百	十	元	角	分	

业务题 62

总　　账

科目名称：　　　第　页

年		凭证号	摘要	页数	借方								贷方								借或贷	余额							
月	日				十	万	千	百	十	元	角	分	十	万	千	百	十	元	角	分		十	万	千	百	十	元	角	分

业务题 63

总　　账

科目名称：　　　第　页

年		凭证号	摘要	页数	借方								贷方								借或贷	余额							
月	日				十	万	千	百	十	元	角	分	十	万	千	百	十	元	角	分		十	万	千	百	十	元	角	分

业务题 64

总　　账

科目名称：　　　第　页

年		凭证号	摘要	页数	借方								贷方								借或贷	余额							
月	日				十	万	千	百	十	元	角	分	十	万	千	百	十	元	角	分		十	万	千	百	十	元	角	分

业务题 65

总　　账

科目名称：　　　第　页

年		凭证号	摘要	页数	借方								贷方								借或贷	余额							
月	日				十	万	千	百	十	元	角	分	十	万	千	百	十	元	角	分		十	万	千	百	十	元	角	分

业务题 66

总　账

科目名称：　　第　页

年		凭证号	摘要	页数	借方									贷方									借或贷	余额								
月	日				十	万	千	百	十	元	角	分	十	万	千	百	十	元	角	分			十	万	千	百	十	元	角	分

业务题 67

总　账

科目名称：　　第　页

年		凭证号	摘要	页数	借方									贷方									借或贷	余额								
月	日				十	万	千	百	十	元	角	分	十	万	千	百	十	元	角	分			十	万	千	百	十	元	角	分

业务题 68

总　账

科目名称：　　第　页

年		凭证号	摘要	页数	借方									贷方									借或贷	余额								
月	日				十	万	千	百	十	元	角	分	十	万	千	百	十	元	角	分			十	万	千	百	十	元	角	分

业务题 69

总　账

科目名称：　　第　页

年		凭证号	摘要	页数	借方									贷方									借或贷	余额								
月	日				十	万	千	百	十	元	角	分	十	万	千	百	十	元	角	分			十	万	千	百	十	元	角	分

业务题 70

总　账

科目名称：　　　第　页

年		凭证号	摘要	页数	借方									贷方									借或贷	余额								
月	日				十	万	千	百	十	元	角	分	十	万	千	百	十	元	角	分			十	万	千	百	十	元	角	分

业务题 71

总　账

科目名称：　　　第　页

年		凭证号	摘要	页数	借方									贷方									借或贷	余额								
月	日				十	万	千	百	十	元	角	分	十	万	千	百	十	元	角	分			十	万	千	百	十	元	角	分

业务题 72

总　账

科目名称：　　　第　页

年		凭证号	摘要	页数	借方									贷方									借或贷	余额								
月	日				十	万	千	百	十	元	角	分	十	万	千	百	十	元	角	分			十	万	千	百	十	元	角	分

业务题 73

总　账

科目名称：　　　第　页

年		凭证号	摘要	页数	借方									贷方									借或贷	余额								
月	日				十	万	千	百	十	元	角	分	十	万	千	百	十	元	角	分			十	万	千	百	十	元	角	分

业务题 74

总　账

科目名称：　　　　　　　　　　　　　　　　　　　　　　　　　　　　　　　　　　　　　第　页

年		凭证号	摘要	页数	借方								贷方								借或贷	余额							
月	日				十	万	千	百	十	元	角	分	十	万	千	百	十	元	角	分		十	万	千	百	十	元	角	分

业务题 75

总　账

科目名称：　　　　　　　　　　　　　　　　　　　　　　　　　　　　　　　　　　　　　第　页

年		凭证号	摘要	页数	借方								贷方								借或贷	余额							
月	日				十	万	千	百	十	元	角	分	十	万	千	百	十	元	角	分		十	万	千	百	十	元	角	分

业务题 76

总　账

科目名称：　　　　　　　　　　　　　　　　　　　　　　　　　　　　　　　　　　　　　第　页

年		凭证号	摘要	页数	借方								贷方								借或贷	余额							
月	日				十	万	千	百	十	元	角	分	十	万	千	百	十	元	角	分		十	万	千	百	十	元	角	分

业务题 77

总　账

科目名称：　　　　　　　　　　　　　　　　　　　　　　　　　　　　　　　　　　　　　第　页

年		凭证号	摘要	页数	借方								贷方								借或贷	余额							
月	日				十	万	千	百	十	元	角	分	十	万	千	百	十	元	角	分		十	万	千	百	十	元	角	分

业务题 78

库存现金日记账

年		凭证号	摘要	对方科目	借方								贷方								借或贷	余额							
月	日				十	万	千	百	十	元	角	分	十	万	千	百	十	元	角	分		十	万	千	百	十	元	角	分

业务题 79

银行存款日记账

年		凭证号	摘要	结算凭证		借方								贷方								借或贷	余额							
月	日			种类	编号	十	万	千	百	十	元	角	分	十	万	千	百	十	元	角	分		十	万	千	百	十	元	角	分

业务题 80

原材料明细账

部类_____ 产地_____ 单位_____ 规格_____ 品名_____

年		凭证字号	摘要	收入									发出									结存									
月	日			数量	单价	金额							数量	单价	金额							数量	单价	金额							
						千	百	十	万	千	百	十	元	角	分			千	百	十	万	千	百	十	元	角	分	千	百	十	万	千	百	十	元	角	分

业务题 81

明 细 账

明细科目:　　　　单位　　　　　　　　　　　　　　　　　　　　　　　　　第　页

年		凭证号	摘要	页数	借方									贷方									借或贷	余额								
月	日				十	万	千	百	十	元	角	分	十	万	千	百	十	元	角	分		十	万	千	百	十	元	角	分

业务题 82

管理费用明细账

年 月日	凭证字号	摘要	借方（亿千百十万千百十元角分）	贷方（亿千百十万千百十元角分）	借或贷	余额（亿千百十万千百十元角分）	借方项目 折旧费（亿千百十万千百十元角分）	借方项目 办公费（亿千百十万千百十元角分）	借方项目 工资（亿千百十万千百十元角分）	借方项目 通信费（亿千百十万千百十元角分）

业务题 83

资产负债表

会企 01

编制单位：_____ 　　　　　　　　　　　　　___年___月　　　　　　　　　　　　　　单位：元

资　产	行次	期末余额	年初余额	负债和股东权益	行次	期末余额	年初余额
流动资产				流动负债			
货币资金				短期借款			
以公允价值计量且其变动计入当期损益的金融资产				以公允价值计量且其变动计入当期损益的金融负债			
应收票据				应付票据			
应收账款				应付账款			
预付款项				预收款项			
应收利息				应付职工薪酬			
应收股利				应交税费			
其他应收款				应付利息			
存货				应付股利			
一年内到期的非流动资产				其他应付款			
其他流动资产				一年内到期的非流动负债			
流动资产合计				其他流动负债			
非流动资产：				流动负债合计			
可供出售金融资产				非流动负债：			
持有至到期投资				长期借款			
长期应收款				应付债券			
长期股权投资				长期应付款			
投资性房地产				专项应付款			
固定资产				预计负债			
在建工程				递延收益			
工程物资				递延所得税负债			
固定资产清理				其他非流动负债			
生产性生物资产				非流动负债合计			
无形资产				负债合计			
开发支出				所有者权益（或股东权益）：			
商誉				实收资本（或股本）			
长期待摊费用				资本公积			
递延所得税资产				减：库存股			
其他非流动资产				其他综合收益			
非流动资产合计				盈余公积			
资产总计				未分配利润			
				所有者权益（或股东权益）合计			
				负债和所有者权益（或股东权益）总计			

业务题 84

利 润 表

会企02表

编制单位：　　　　　　　　　　　　　　年　　月　　　　　　　　　　　　　　　单位：元

项　目	行次	本期金额	上期金额
一、营业收入			
减：营业成本			
税金及附加			
销售费用			
管理费用			
财务费用			
资产减值损失			
加：公允价值变动收益（损失以"－"号填列）			
投资收益（损失以"－"号填列）			
其中：对联营企业和合营企业的投资收益			
二、营业利润（亏损以"－"号填列）			
加：营业外收入			
减：营业外支出			
其中：非流动资产处置损失			
三、利润总额（亏损总额以"－"号填列）			
减：所得税费用			
四、净利润（净亏损以"－"号填列）			
五、每股收益：			
（一）基本每股收益			
（二）稀释每股收益			
六、其他综合收益			
七、综合收益总额			

参 考 文 献

[1] 李海波．基础会计实训．上海：立信会计出版社，2016.
[2] 李占国．基础会计综合模拟实训．北京：高等教育出版社，2016.
[3] 陈国辉．基础会计实训教程．大连：东北财经大学出版社，2015.